子どもの「強み」の育て方

FROM GALLUP

STRENGTHS BASED PARENTING

Developing Your Children's Innate Talents

Mary Reckmeyer, Ph.D. with Jennifer Robison

メアリー・レックマイヤー著

古屋博子訳

かくれた才能を上手に引き出す心理学アプローチ

日本経済新聞出版

Strengths Based Parenting

by Mary Reckmeyer, Ph.D. with Jennifer Robison

Japanese translation rights arranged with Gallup, Inc.

子どもの「強み」の育て方

かくれた才能を上手に引き出す心理学アプローチ

ドナルド・O・クリフトン

1924-2003

クリフトン・ストレングス開発者。
アメリカ心理学会から
「強みに基づく心理学の父」として表彰される。

『子どもの「強み」の育て方』目次

第7章　信じる・支える・感謝する

付録　強みを活かした子育てのカギ

文中〔　〕は訳注です。

あなたの右隣に座っている人を見てください。
もし誰もいないなら、左隣の人でもかまいません。
あなたとその人のDNAには、
100万以上も違う箇所があるのです。

――リー・シルバー博士
プリンストン大学分子生物学・公共政策学教授

Introduction

イントロダクション

はじめての赤ちゃんを思い出してみてください。はたしてあなたは、なんていい子なんだろう、とか、他の赤ちゃんと比べて寝付きがいいわ、と喜んだでしょうか。それとも、あぁ、何がいけないのだろう、うちの子は落ち着きがないし、ぐずるからレストランにも連れて行けない、とか、長時間の移動はとてもできないといって悩んだでしょうか。自分をよくやっていると誇らしく思うか、それとも、私の子育ての仕方はまちがっているのではないかと悩むか。

私の第一子はとても神経質でした。イヤイヤをするときはのけぞって抵抗し、すぐにぐずりました。ちょうど同じ頃、私の親友にも赤ちゃんが生まれたのですが、その子は、穏やかで、いつもニコニコしていたのです。そのため、その子を見ている限り、子育てはとても楽そうに思えて、私は不安になりました。私のやり方が間違っているのではないか、私が子どもを「ダメにして」しまったに違いない、と。

やがて、私に第二子が誕生し、改めて思いました。子育てがこんなにも楽なものだったなんて、と。娘はいつも気分が穏やかで、車でもレストランでもご機嫌でした。しかも、昼寝もたっぷりしてくれました。そして私は、２人目が生まれてすぐに気づいたのです。これは彼女の気質から来ているんだ。この穏やかで、順応力があって、いつでもリラックスできるところは、私の子育ての仕方がどうだというよりも、単に「彼女らしさ」が出ている面が大きいのだ、と。第一子は、変わらず手強く活発で、２歳になる頃には負けず嫌いなところを見せていました。

その後さらに子どもが２人誕生したことで、生まれてくる子どもはそれぞれ、個性を持っているのだということがよくわかりました。子を持つ親であればそのことに同意してくれるのではないでしょうか。もちろん、子どもは両親の結晶ではありますが、その前に、その子にしかない個性を備えたひとりの人間なのです。この真実を尊重すれば、すべての親がすべきことはただひとつ。それは、その子のよいところを最大限に伸ばすということ。しかし、そのためには何が違いをもたらし、何が大事なのかを知らなくてはいけません。

ＤＮＡについては、科学の進歩のおかげでいろいろなことがわかってきています。研究が進めばさらに明らかになるでしょう。ひとりひとりの生物の遺伝情報をコードしているＤＮＡの塩基である、Ａ、Ｔ、Ｇ、Ｃは、組み合わせが無数にあります。しかも膨大なだけでなく複雑で、まったく同じ配列になることはありません。だからこそ、私たちはみな、唯一無二の存在なのです。

このように生まれ持っての気質のほか、環境も発達に影響することが、数十年にわたる研究の結果からわかっています。別々の家庭で育てられた一卵性双生児の研究からも、遺伝と養育の影響について、示唆に富む洞察が得られています。自分らしさや、どんな人になるかは、気質と環境の両方が密接に結びついた影響の産物なのです。育った環境と遺伝が影響しあって、その人らしさを作り上げていくのです。

子を持つ親にとって、子どもを後押しするやり方は何百もありますし、一方で心配や、あれこれ思い悩むことも何百とあるでしょう。親も日々気忙《きぜわ》しく、さまざまなスケジュールに追われています。そんな中でも、子どもの人生に長きにわたりよい影響をもたらす形で、子どもに目を向けることができるチャンスはあるのです。子どものの個性のすばらしさに気づくこともできます。子どもが、自分の生まれ持った才能を自覚し、それを強みに変えるサポートだってできます。子どもが興味を持った世界を深めるための手助けもできます。そして、子どもが豊かで幸せな人間になることで、子ども本人だけでなく、あなたの人生を豊かにすることもできるのです。

個性という奇跡

教師になった最初の年、私は教育心理学の修士号の取得を目指していました。そのため、毎日、夜遅くまで寝られませんでした。さらに睡眠不足に拍車をかけたのは、ひとりひとりの子どもたちに学ぶ喜びを知ってもらおうとしていたからです。修士論文の一環として、私は学習障害の生徒についての調査をしていました。そこでスティーブという生徒に会ったのです。この出会いによって私は、それまで知っていたことが正しいと確認できたのです。

スティーブは、やるべきことはこなし、教室でも家でも特に目立った問題はありません。ただ担任の先生いわく、算数と国語の読解に悪戦苦闘しているということでした。スティーブの母親は、彼はこれまでにかなりの診断テストを受けてきているので、欠点はすべて特定されていると話しました。これらについてスティーブに尋ねると、彼はすべてに同意しました。スティーブのアイデンティティや、彼のために組まれた活動は、彼の欠点を軸に構成されていたのです。

調査のために私がスティーブに対して行ったアセスメント〔査定〕は1対1のインタビュー形式で、自由回答の質問を用いて、強みや興味を特定しようとするものです。通常、親や教師にインタビューをしてよいか尋ねると、たいていは喜んで協力してくれるものです。しかし、スティーブの母親は「うーん、もうあの子の問題点はわかっているし、テストもすでにたくさん受けています」とあまり関心がない様子でした。同様にスティーブの担任も、「問題点はすでに分かっていて、改善に向けて取り組んでいる。課題は、算数と国語の読解、そして対人スキルだ」と答えました。そして、スティーブと心を通わせることが難しいことは明らかでした。

スティーブとの最初のインタビューは、私にとってはつらいものとなりました。質問すると、彼は長く、気まずい沈黙の後、短く答えるだけでした。インタビューの終盤、「時間があるときに何をするのが好きか教えてくれるかな」と尋ねると、「一緒に遊ぶ友達はいないよ。ほとんどテレビを見て過ごしてる」という答えが返ってきました。

続いて、私が次の質問に移ろうとした瞬間でした。「好きな番組がひとつある。男の人が絵の描き方を教えてくれる番組。それを見て、絵を描いてるよ」と、つぶやいたのです。私はインタビュー前、スティーブの母親と担任の先生にフィードバックを行うことを約束していたのですが、ほとんど何も話してくれていませんでした。藁《わら》にもすがる思いで、インタビューを終えるときにスティーブに今度ぜひ描いた絵を見たいと伝えました。

月曜日の朝になり、授業を始める準備をしていると、バサバサという音がしました。顔を上げると、スティーブがいました。彼はなにも言わず、私の机の上に何枚かの紙をどさっと置いたのです。スケッチ画でした。それから毎日、彼はさらに絵を持ってきてくれました。そうなると私たちが仲良しになるのに時間はかかりませんでした。

誰かがただ、彼ができることを大切にし、言葉に耳を傾け、それらを受け入れ、そのすべてに感謝する――彼を圧倒するすべての問題点ではなく。その威力たるや絶大でした。接し方を変えたことで、スティーブは変貌しました。5年生になる頃には、彼は学校が好きになっていたのです。算数と読解力は向上し、新しい友人が3人できました。

この話は、奇跡と呼べるような話には聞こえないかもしれません。けれどこれはまぎれもない奇跡です。スティーブは、有名になるような特別な生徒ではありません。しかし、彼は自分ではない誰かになる代わりに、ありのままの自分から成長を遂げたのです。そういう意味で、彼は私たちひとりひとりに起こるべき奇跡を成し遂げたのです。

ですからこの話は、何千人もの子どもたちにも当てはまるものだと言えるでしょう。「自分ではない誰か」によって特徴づけられるべきではなく、「**何ができるか**」「**どんなふうになれるか**」によって特徴づけられるべき子どもたちの話です。スティーブにとってそれは、「算数、国語の読解、人間関係」よりも、「スティーブらしさ」に価値をおいてくれる人がいることが大切でした。

その結果、スティーブの周りにいる大人たちは、新しいレンズを通して彼を見ることができるようになりました。さらに、大人たちはスティーブの絵を壁に貼り始めたのです。彼は漫画をたくさん描き、ユーモアの片鱗《へんりん》を見せ始めました。他の子どもたちはそれを面白いと感じました。その年頃の子にとって、絵や漫画が描けることは才能のひとつです。その結果、スティーブは新しいアイデンティティを持つことになりました。「読み書きのできない子、算数のできない子」ではなく、「絵の描ける面白い子」と思われるようになったのです。

「できないこと」ではなく「できること」で自分を見てもらえる。それこそすべての人が望むことではないでしょうか。子育てには、たくさんの人の協力が必要です。そして、世界がただ回っているだけでなく、生産的であるためには、多様性、受容性、そしていろいろな才能が必要なのです。みな同じであることの先に、私たちの未来はありません。ひとりひとりが自分の才能や恩恵、信条や情熱を分かち合うことにかかっているのです。

人材開発に関する数多くの研究では、自分が得意なことをやっているとき、つまり自分の強みを活かしているときに、人は力を最大限発揮することがわかっています。それは、子どもも同じこと。親も子もそれぞれ個性があります。子育ての正解はたったひとつではありません。才能、強み、環境を活かした、あなたのやり方があなたにとっての正解なのです。

とはいえ、あなたらしいやり方で、もっとうまくやることもできます。それは、よりストレスがなく、より幸せを感じられる方法です。きっと親としても成長できるし、子どもたちもありのままの自分として成長するでしょう。

これまで私は何十年も、人の個性とモチベーションについて研究してきました。メンターになり、時に教鞭を執り、研究をし、何百人もの教育者とのコラボレーションもしてきました。その中に、子育ても入ります。それらを経て、悟《さと》ったのは次のことです。人生に影響を与えるような大きな成長が起こるのは、「その人を愛し、気にかけるだけでなく、その人の個性を承認し、敬意を払ってくれる人」が少なくともひとり、いることによってなのです。すばらしい結果を出せるように後押ししてくれる人。その子の得意なことを見いだしてくれる人。その子が明るい未来へつながる道筋を見いだす助けをしてくれる人。そして私は、あなたが、お子さんにとってのその人となる手助けをしたいのです。あなたが、自身の強みと子どもの可能性を知って伸ばしていくための助けになりたいのです。

本書の目標は、世界中の人の子育てに対する見解を変えることにあります。世界中の職場や、学校、国で実施された、ギャラップの強みを活かした能力開発研究、その徹底的な科学とシンプルなツールに基づいて、本書は、充実した人生を生きるための材料と、親と子どもの才能を活かした子育てアプローチに関する大事な洞察を紹介しています。才能や強みを伸ばし、弱みに対処し、学校や先生と協力するにはどうしたらいいのか。ぜひ、本書の体験談や実践的なアドバイスを参考にしてみてください。

あなたはいま、家族の「強みを発見する旅」に向けて第一歩を踏み出そうとしています。それは、あなたと子どもたちの未来に確かな変化をもたらす一歩なのです。

第1章 子どもたちを成功へと導こう

Setting Kids Up for Success

もしかしたら、この「ガソリンタンク」が
私のよりも少し小さいために、
諦めるしかなかった〈ロスト・ジェネレーション〉の
人たちがいるのかもしれません。

ニール・ドグラース・タイソン博士
天体物理学者

疑問や不安は、赤ちゃんを授かったとわかった瞬間から出てくるものです。そして、それは赤ちゃんが成長しても尽きることがありません。どうしたら一晩中寝てくれるのか、親のベッドで一緒に寝かせてもいいのか、おむつを外すのはいつがいいのか、共働きで大丈夫か、家の中で家具に飛び乗ることを許すのは子どもにとってよいのか悪いのか、テレビやスマホはどのくらいなら見せてもいいのか、スポーツと音楽は同時に習わせてもいいのか、門限は何時にすべきか、どの大学が正解なのか……。

実は、これらすべてに正解はありません。なぜならどの質問においても、正しい答えは「あなたと子ども、そして家族による」からです。それに加えて、こういった問題は別の視点から見ると、その後の子どもの人生の成功にとって、それほど大切ではないのです。

この場合の成功とは、富や地位のことではありません。幸せや、深く満ち足りた、充実した人生を送ることです。そこには子どもが必要とし、望むことのほぼすべてがあります。さらに重要なのは、自分を元気にし、やる気が湧《わ》いてくるような環境を生み出すために、自分の才能を発揮することができる人生を送れることです。それも、自分にとって大切な人たちや、自分を大切にしてくれる人たちと一緒に。それが成功です。幸いなことに、こうした要素に対して、親は直接影響を及ぼすことができるのです。

日頃から親には心理的に結構なプレッシャーがかかっています。子育てをうまくやらなければならないという意識に加えて、下手な育児で起こる弊害や機会損失を強調する本や記事。それを読んで膨《ふく》らむ不安。あなたが子育てで行ったことが、効果や違いとして現れるまでには時間がかかります。日々の子育ては、イライラしたかと思えば大きな喜びが訪れるなど、まるでジェットコースターのようで大変な仕事です。しかも、その最中に、自分がよい子育てをしているかどうかを測る術はありません。子育ては、たいていの専門的な仕事よりも責任が重く、しかも将来への影響は大きいのに、正式な、あるいは規定の訓練がないのです。

このように、「育児の処方箋」はありません。しかしその一方で、現在成功している大人たちの幼少期を調べると、彼らの両親には体験や信念など、一定の共通点があることがわかります。ビクター&ミルドレッド・ジョージ・ゲルツェルの『高貴なゆりかご』（未訳）、ベンジャミン・ブルームの『子どもの才能を伸ばす』（未訳）、ミハイ・チクセントミハイとバーバラ・シュナイダーの『大人になる』（未訳）など、数十年にわたる研究により見えてきた共通点。それは、「子どもをひとりの人間として扱う」ということです。子どもの生まれつきの傾向や才能、そして興味を尊重することが大切なのです。

22 ガソリンのタンクを満タンに

ジェイソン・ウーは小さい頃台湾で育ちました。その頃は、彼が将来どうやってお金を稼げるようになるのか、両親にもまるで見えませんでした。しかし、彼に情熱があることは見抜いていたのです。その後、彼はミシェル・オバマ元アメリカ大統領夫人が就任式の日に着用したドレスを制作したことで名を馳《は》せました。さらにファッションとデザインの世界でリーダー的存在となっています。では、彼の子ども時代に影響を及ぼしたものは何でしょうか。彼は、両親のおかげだと言います。

子どもの頃、彼は担任の先生から、遊んでばかりではなく勉強に集中しなさいと言われていました。しかし、彼の母親は、子どもの才能を見いだし、それを輝か「せる」ことの大切さを知っていたのだと、育児ブログ「Parent Wonder（ペアレント・ワンダー）」の創始者であるアベル・チェンも語っています。そう、母親にはわかっていたのです。大多数の人がやっていることをやっても、息子の役には立たないと。そして、彼が幸せでいるために、かつ成功するためには、彼の情熱を見守らなければいけない。たとえそれがどんなにばかばかしいことのように見えても。

ジェイソンの兄がテレビゲームやロボットでよく遊ぶ一方、彼は人形が好きでした。両親は、それをやめさせませんでした。それどころか、人形を買い与えたのです。9歳のとき、彼はどうしてもミシンが欲しいと母親にせがみました。そしてクリスマスにミシンが届くと、彼は時間を忘れて人形の衣装を作りました。さらに母親は、彼がショーウィンドウのドレスのスケッチをできるように、ウェディングドレス店に彼を連れて行きました。「私のことを理解してくれる両親を持ったことは、本当にありがたいことでした」と彼は言っています。「そうでなければ、おそらく私は誤解された子どもになっていたでしょう」

「宇宙の巨匠」と言われ、アメリカで最も有名な天体物理学者であるニール・ドグラース・タイソンは、9歳のときにヘイデン・プラネタリウムへ行ってから自分の世界は広がったと言います。そのとき、宇宙についてとにかくできる限りのことを知りたくなりました。さらに、彼の情熱に火をつけたのは両親のサポートでした。最初にプラネタリウムへ行った後、両親は彼に望遠鏡を与えたのです。そして、彼が天体について専門的に学ぶことを後押しし、認めました。

そうして身につけた専門知識によって、タイソンは強い自我と忍耐強さ、そして自信を持つことができました。これらは、１９６０年代にブロンクス出身の黒人の子が天体物理学者になるのを支えたのです。彼自身も、「私は天体物理学者になることに猛烈に憧れていました。肌の色ではなく、それで自己定義していたのです」と、「パレード」誌に語っています。

「社会が私をどう扱っているかということのほかに、考えることがあってよかったと思いました。先生は私がどのチームに入るべきか、強制しようとしました。それは物理クラブではなかったのです。私の『ガソリンタンク』は9歳の頃から補給されていましたが、それでもこうした反対に負けないためにはエネルギーがいるものです。もしかしたら、この『ガソリンタンク』が私のタンクより少し小さいために、諦めるしかなかった〈ロスト・ジェネレーション〉の人たちがいるのかもしれません」

「ガソリンタンクを補給する」ことは、どんな親にもできることです。子どもの興味に気づき、それについて探求し学ぶ時間をたっぷり取り、うまくできるように助けるのです。それは恐竜かもしれませんし、算数やお絵かき、実験、または積み木などかもしれません。ともかく興味のあることを追求すれば、その分野のエキスパートになることができるでしょう。そして子どもはさらに上のレベル、あるいは別の分野に進みます。そうすればさらに学び続け、自分の得意分野を見つける後押しになるのです。最終的にたどり着くのは、すばらしいデザイナー、天体物理学者、先生、牧場主、営業職、はたまた人道主義者かもしれません。

子どもが得意分野を見つけ、成功した人生を送るのを助ける。それにはまず、あなたが自分の才能と強みを自覚し、活かし方を熟知し、わが子が自分の才能を活かすことをサポートできれば、ずっと簡単になるでしょう。人は、自分の強みを活かしているときに最もうまくいくのです。そして、自分の得意なことをすれば、より幸せにもなれます。

ストレングス理論を知っていますか？

ギャラップは、人の強みに関しての研究を何十年も続けています。これらの研究の出発点となっているのは、私の父であるドン・クリフトン博士の初期の研究です。彼は教育心理学の教授で、心理学研究の中心が人の欠陥や問題点だった頃、逆に人のよいところ、そして成功に役立つものに着目して研究を進めたのです。アメリカ心理学会により「強みに基づく心理学の父」との呼称をもらっています。彼の研究は、まったく新しい研究分野の

34の資質

アレンジ	公平性	慎重さ	適応性
運命思考	個別化	信念	内省
回復志向	コミュニケーション	親密性	分析思考
学習欲	最上志向	成長促進	包含
活発性	自我	責任感	ポジティブ
共感性	自己確信	戦略性	未来志向
競争性	社交性	達成欲	目標志向
規律性	収集心	着想	
原点思考	指令性	調和性	

先駆けとなり、その後何千人もの研究者たちが後に続いています。

1990年代、ギャラップはクリフトンの指揮のもと、「クリフトン・ストレングス（旧称ストレングス・ファインダー）」を開発しました。これは個人の才能を客観的に測定するオンラインのアセスメントで、34の資質から、「強み」として伸びる可能性が最も高い潜在能力を特定します。アセスメントの結果は、あなたの上位5つの資質がレポート形式で提供されます。本書の執筆時点で、1200万人以上の人々が25以上の言語でクリフトン・ストレングス・ファインダーのアセスメントを受検しています（2022年現在、2800万人が受検）。34の資質の定義や詳細については、巻末の付録1「クリフトン・ストレングス」のパ

X　**才能**（思考・行動・感情の自然なパターン）

投資（スキルや知識の獲得や、練習などに投じた時間）

＝　**強み**（ほぼ完璧に近いパフォーマンスを一貫して発揮する能力）

ートをご覧ください。

ところで、才能と強みの違いはいったい何だと思いますか。

ギャラップでは以下のように定義しています。**才能**とは、思考・行動・感情の自然なパターンのこと。**強み**とは、その才能に投資（スキルや知識の獲得や、練習などに投じた時間）をして、特定の活動において常にほぼ完璧に近いパフォーマンスを出すようになった結果のことです。特定の活動とはたとえば、情報を分析したり、将来の可能性をイメージ化したり、ひとりひとりが持つ独特の特質がわかったり、といったことをあげることができるでしょう。

しかし、人は必ずしも自分の才能を常に自覚しているとは限りません。生まれつき備わっていて、あたりまえだからこそ、持っていることに気づいていないこともよくあるのです。実際に、人は自分に備わっている才能を、誰もが持っていると考えることがよくあります。それくらい、才能はあなたがとる行動や世界への認知と密接に関連しているということです。

　アイオワ州の農場で育ったマットの話です。

「僕は子どもの頃、知り合いのみんなと同じように4-H〔アメリカ農務省傘下の、農業に関する課外活動をする青少年団体〕に入っていました。たったひとつみなと違う点と言えば、僕はあらゆる4-Hのクラブに入っていたということです。ほとんどの人は、家畜のクラブに入っていて、女の子なら裁縫や料理のクラブに、男の子なら科学のクラブに入っていました。でも、僕は何年もかけて、入れてくれるクラブにひとつ残らず入ったのです。ステート・フェア〔農産や家畜などを品評したり販売したりするイベント〕では必ずと言っていいほど、紫のリボンをつけていました（紫のリボンは、傑出したプロジェクトに与えられる）。でも、まさにその紫のリボンをもらうと、僕はクラブをやめました。目的が完了したら、もうそこにいる必要はないんです」

　周りの大人たちはたいていマットに「次から次へと活動を変えるのはやめた方がいい」と言いました。

「僕はいつも、すぐやめる子だ、続ける根性がない、などと言われ続けてきました。そしてそれはいまも変わっていません。何かに没頭して、成功を手にしたら、それでもう終わりなんです」

マットのクリフトン・ストレングスの上位5つの資質を確認したときに、父親はあることに気づきました。

マットの資質は〈達成欲〉〈活発性〉〈最上志向〉〈収集心〉〈競争性〉。父親は、マットが学ぶことが大好きで、かつ彼が「何かを始めなくては、一生懸命やらなくては、そして勝たなくてはいけない」と感じていることを認識したのです。

父親は、マットに彼がよい結果を出すのは、努力しているからだと指摘しました。けれどもマットは、いったん知りたいことを学び、やりたかったことをやると、すぐに次のことに心が動くのです。新しい取り組みを始めて、すばらしい成績を残せるのは、彼の能力なのです。他の人はずっとひとつの関心を持ち続けられるかもしれませんが、マットは一度勝てばそこで完成なのです。マットは、彼の資質を知った父親のサポートを受けながら、新しく取り組めるプロジェクトを見つけ、成功を収めて次のチャレンジに移る、ということを続けたのです。

そのマットがシリアルアントレプレナー〔連続起業家〕になった、と知ったら驚くでしょうか。彼は、ビジネスをいくつも立ち上げました。最初のビジネスは、大学寮から、大学1年生のときに始めました。そして、軌道に乗せると同時に、すべて売却したのです。マットは、学び、作り上げることは好きです。けれども、運営することは好きではありません。「長い間、気が重かったんです。他の人はまともで、僕は性格に問題がある気がして」と彼は言いました。

「でも、父のおかげで、僕は優れたマネジャーではなく、優れた『ビルダー《築く人》』なんだとわかりました。実際のところ、世の中にはビルダーも必要ですよね」

これが、クリフトン・ストレングスのアセスメントを受けることの面白さでしょう。あなたにとっては日頃から簡単なことが、実は他の人にとってはかなり特別であることがわかるのです。マットの例で言えば、学ぶこと、作り上げることがそれに当たります。たやすくできることにこそ、あなたの才能が宿っています。必ず覚えておいてほしいのは、あなたの才能が、あなたにとって最も可能性を秘めた分野であり、あなたが生まれながらにして持ち、すばらしい結果を出しうる能力だということです。

生まれながらにして持つ、すばらしい結果を出す可能性のある能力——。その側面に、私の父は才能の研究を始めてすぐに気づきました。その初期の頃に、学生たちを対象に行った速読の研究があります。ある学生は読むスピードが速く、またある学生はゆっくりでした。その学生たち全員に、速読と読解力向上の授業を受けてもらったところ、全員が改善しました。しかし、もともと読むのが速かった人は、ゆっくりだった人よりもはるかに向上し、実際飛躍的に読むスピードが速くなったのです。つまり、元から読むスピードが最も速かった人ほど最も成長を遂げ、訓練による恩恵を最大限受けたわけです。

強みと自己認識の関係

研究によると、自己認識は、成績や友人関係での立ち位置、参加、学校を卒業できるかどうか、そして他者認識などの、さまざまな側面に関係します。そして、親のわが子に対する認識と、子どもの自己認識は、親子の関係に影響します。さらにそれだけでなく、子どもの成長や将来の成功にも影響を与えるのです。自己認識と自信は、それまでの達成、つまり成し遂げてきたことに非常に大きく影響されます。子どもが自ら最初の一歩を踏み出し、親がそれに対して拍手すると、子どもは「もう一歩進んでみよう」と思うのです。

子どもに「きっとできるよ」とただ伝えるだけでは不十分です。子ども自身が本当に成功できると確信するためには、実際に成功を経験しなくてはいけません。能力にまつわる自己概念は達成に影響を及ぼし、達成は能力にまつわる自己概念に影響します。この相互作用を理解しておくことが肝心です。だからこそ、自尊心を高めるための試みは、それが本物でなければうまくいかないのです。思い返してみてください。単なる「参加賞」をもらってやる気が出たでしょうか。それが1位のメダルだったらどうだったでしょうか。

では、このことを才能や強みにどのように活用すればよいのでしょうか。子どもが成功し、自信を持ち、健全な自己認識を深めるには、その子が最も成功する能力を持つ領域、すなわち才能を特定する必要があります。そして、その子を前向きに支えるための環境を整えて、才能を活かせるように、そして才能を強みにまで伸ばせるようにしましょう。

さまざまな研究から、環境は子どもの思考力やスキルの開発、そして社会性に影響を与えることがわかっています。環境がポジティブな経験や感情に満ち、かつ子どもの才能を支えるものであれば、子どもの自己認識を深めるだけでなく、その後の人生においても意味のある成果をもたらすための礎《いしずえ》となります。ノースカロライナ大学チャペルヒル校の著名な心理学教授であるバーバラ・フレドリクソンは、「ポジティブ感情は決して特別なものではなく、心や身体が最もうまく働くために欠かせないものだ」と述べています。彼女の研究によると、ポジティブな感情には以下のような効果があります。

- 人をネガティブな感情から守ったり、受けた影響を元に戻したりできる
- レジリエンス〔精神的回復力〕の元となり、その人自身を変えることができる
- 視野や思考を広げ、新しい発想を生み出し、行動を後押しする
- 人種間にある壁を崩す
- 身体的、知的、社会的、さらには心理的なリソースを生み出し、試練に立ち向かう際の蓄えになる
- 組織と個人の両方にとって最適な働き方を生み出す

覚えておいてください。親であるあなたは、子どもが生まれたその日から、わが子の人生に直接影響を与える存在です。私たちは毎日約2万回の瞬間的経験をするとノーベル賞受賞の行動経済学者ダニエル・カーネマンは述べていますが、人の記憶に残るのは、ポジティブなこととネガティブなことだけです。そしてあなたには、わが子が毎日経験する2

万回のうち、より多くの瞬間をポジティブで記憶に残るものにする力があるのです。あなたは、子どもと家族にとってよい環境を作り、わが子を成功に導くことができます――つまり幸せで、深く満ち足りた、充実した人生を送れるように。

「できない」ことに、
「できる」ことの邪魔をさせてはいけない。

ジョン・ウッデン（1910―2010）
アメリカのバスケットボール選手・コーチ

第2章

弱みは矯正できるのか？

Can Weaknesses Be Fixed?

「あなたもこんなふうに思い込んでいませんか。〈強みは弱みの対極、病気は健康の対極、成功は失敗の対極、そして善は悪の対極……〉。それは違います。いまだに私たちは、だまされているのです。〈問題点を見つけてそれを直せば、すべてがうまくいく。弱みを特定すれば、それを強みに変えられる〉と信じるように。しかし、実際には、弱みに注視しても、強みについて学ぶことはできないのです。うまくいかなかった家庭を研究しても、家族の強い絆を築くための情報は得られません。若者がなぜ薬物を使うのかを研究しても、別の子どもたちが薬物を拒否した条件を見つけることはできません。数学でなぜ学生が落第点を取るのかを研究しても、別の生徒が優秀な成績を出せた理由を説明することはできないのです」

この言葉は、父ドン・クリフトンの共著書『強みを活かせ』からの引用です。これまでの常識とはかけ離れているかもしれませんが、この言葉が示唆しているのは、強みの対極は弱みではない、ですから、あなたの弱みを強みに変えることはできない、ということです。それでも、多くの人が自分の弱みを克服し、「矯正」することに人生を費やしています。しかし、どんなに頑張っても、弱い分野であげられる成果は、せいぜい人並みレベルでしょう。弱みを矯正しようとするよりも、才能を磨くことのほうが、はるかに多くの成果が得られるのです。

さてここでちょっと、いつもの１日を振り返ってみてください。あなたのお子さんは、自分の才能を磨くためにどれくらいの時間を割いていますか。自分の弱みに費やしている時間、つまり弱みを改善しようとしたり、直したりするための時間にはどれくらい費やしているでしょうか。

スーザンを例に見てみましょう。彼女の上位５つの資質には、〈指令性〉〈自己確信〉〈最上志向〉などがあり、どれもビジネスリーダーにとって価値のあるものばかりです。実際、スーザンは好業績の不動産会社を経営しています。「毎日、資質を活かしています。仕事で成功するのに役立ったと思います」と彼女は言います。

「でも、子どもの頃はそう思えませんでした。みんなから、親分風を吹かせるとか、押しが強いとか、要求が多いとか言われていたからです」

１９６０年代に育ったスーザンは、もし自分が男の子だったら、周囲の人から違ってとらえられていただろうと考えています。

「もし、自分が男の子だったら、『リーダーシップを持っている、高い潜在能力を秘めている』と言われたでしょう。代わりに私が言われたのは、こうでした。『そういう態度を改めないと、結婚できないよ』」

　スーザンは、その言葉を信じていました。やはり、彼女は幸せな人生を送りたかったのです。しかし、大人たちが説明した彼女の未来像は、ワクワクとはほど遠いものでした。やがてスーザンは、スポーツに救いを見いだします。そこでは女の子も「親分風を吹かせ、押しが強く、要求が多い」ことが認められていたからです。しかし、それ以外の場では、彼女は自らを制して、静かに、一歩下がって、他の人に主導権を譲るようにしました。「明らかに物事がまずい方向に進んでいるときでさえ、私はただぐっと口をつぐんでいました」。彼女は続けます。「ずっと、自分がやっていることは正しいと思っていました。なぜなら友達がいて、すばらしい人と結婚して、幸せな家族を持って……そういうことは自分を殺さなければ手に入らないと言われていたからです」

　すべてがようやく変わったのは、スーザンが自分の会社を設立したときからです。親分肌で押しが強く、要求が多いことが求められ、さらにそれが報われるようになったのです。「どんなに自分の強みを箱に押し込めて、弱みに注視しても、強みはまたぴょこんと飛び出してくるものなんだって気づきました……私の強みは、こういう会社の経営にうってつけなんです。ああ、でも本当に、30年前にそのことに気づいていればどんなによかったか。

私は何十年も時間を無駄にして、まあまあうまくできる、不動産のセールスをやっていた。それでも、自分が大好きなこと、つまり不動産会社を経営することができたはずなんですから」

スーザンの経験は、それほど珍しくありません。いまでも、親や教師は子どものよいところより、悪いところに目を向けがちです。実際、ギャラップの調査によると、アメリカ人の52％が、「自分の弱みを知って改善しようとすることは、自分の強みを知り、それを軸にするよりも、人生の成功に役立つ」と考えていることがわかりました。また、アメリカ人の親の77％が、「子どもたちの最も成績の悪い科目にこそ、最も多くの時間と注意を注ぐべき」と答えています。このような考え方は、欠点に着目する能力開発モデルです。

このモデルを使って子育てや教育をする場合はまず、子どもの認知や社交面、学業の成長における欠点やできないところを探ります。そして、その欠点がわかったら、それを直すことを最優先するのです。

問題は、こうした欠点ベースの能力開発モデルがそれほどうまくいかないことです。2004年に行われた欠点を中心に取り組んだプログラムの調査があります。これは危険に晒《さら》されている子ども〔非行に走ったり、虐待を受けたりするリスクのある子ども〕たちが刑務所に入所するはめになるのを防ぐ目的で実施されました。すると、何のプログラムも行わなかった場合と比べて、欠点ベースのプログラムのほうが悪影響を及ぼす傾向があり、実際に子どもたちの非行も増加したことがわかりました。

私はあまり驚きませんでした。何年も前に、私は18歳から24歳の若者のための州立矯正施設で過ごしたことがあります。そのとき、入所者たちと面談してわかったのは、彼らは自分の欠点をよく自覚している一方で、自分の持っている力を自覚していないということでした。彼らは、自分がしてはいけないことはわかっている。でも、自分にできることは何なのか、どんな生き方ができるのか、万が一、道を踏み外したときに頼れるのはどんな人や場所なのか、などといったことについてまったく見当がついていなかったのです。

自分がうまくできないことしか知らないと、人生の道筋をどうやって作ったらいいのかがわかりません。もちろん、つまずかないように、弱みに対処することは大切です。しかしながら前に進むためには、同時に手掛かりも必要なのです。一歩一歩どこに足を踏み出したらいいかがきちんとわかるような手掛かりが。

それでもなお、多くの人が「弱みは直さなければならないが、才能は放っておいても何とかなる」と信じて大きくなりました。そして、スーザンのように、自分の才能に割く時間は短く、弱みが人生の主役となることがほとんどです。自分が好きでもないことに多くの時間とエネルギーを割いて、その結果それが得意なことにさえならず、それでもいつか変わるかもしれないと望みをかけ続けるのです。でも、それはかなわないでしょう。

弱みも才能と同じで、生まれもっての傾向です。人には、生まれつき得意なことと不得意なことがあります。弱みの分野は、改善しようとすることはできます。そして、最初よりよくなることも可能でしょう。しかし、うまくいっても、人並みになれるだけです。そして、そのレベルになるために多くの時間とエネルギーを費やしたとしましょう。それはその分だけ、あなたが大成功できる可能性のある、才能の分野に費やす時間とエネルギーがなくなることを意味します。弱みに対処するには、もっといい方法があります。うまく操り、上手に付き合うのです。

弱みと上手に付き合う方法

ロイ・スペンスがそのことに気づいたのは、14歳のときでした。

中学2年生のとき、大好きな詩人ラルフ・ウォルドー・エマーソンについて作文を書けという課題がありました。提出後、返却された作文には、あちこちに赤い印がつけられていました。9つの綴りの間違いが大きな丸で囲われてあり、そして右側には大きく〈C〉と書かれていました。Cはスペンス家では褒《ほ》められる成績ではありませんでしたが、母は何も言いませんでした。私は怒られなかったことにホッとしました。

その翌年、中学3年で、またエマーソンを勉強することになりました。テストの時期に、私は母に言いました。「お母さん、僕にはこのレポートはできない！ またCをもらうだけだよ！」。それに対して母は「ロイ、できる限りやりなさい」とひと言。そうして提出したレポートは、返ってきたときにやはりたくさんの綴りの間違いが赤ペンで囲われていました。ところが用紙の上部に目を移すと、ページの右上にはとても小さく〈A-〉と書かれていたのです。

私は走って家に帰り、母の目の前に2枚のレポートを突きつけました。「お母さん、僕にはわからないよ」。彼女はじっくりレポート（2枚とも赤いバツだらけでした）に目を通したあと、じっと私の目を見つめました。「ロイ、あなたは綴りができていない」。そして長い間母は沈黙し、こう続けました。

「でも、書くことはできるの。だから、14歳になったあなたと話したいことがあるわ。学校では、なんでも頑張って挑戦して、頑張って勉強して、できる限りの努力をしてほしい。でも、人生では、苦手なことと向き合って人並みにすることばかりに、貴重な時間や才能を無駄にしないで。それよりも、自分のできることをさらに得意にするために時間を使ってちょうだい。これからの人生で自分の強みを活かして、他の人のために、そして社会のために尽くせば、あなたは幸せになるでしょう。それに、世界もほんの少しよくなるはず」

だから、私は母のこの言葉を他の人にも伝えています。自分の強みを活かしなさい。他の人のために、そして社会のために尽くせば、人生の意味や幸せを探し求めなくてよい。人生の意味や幸せは、あなたがいる場所にあるのです。

この経験は彼を解き放ちました。彼はその後、広告マーケティング・コミュニケーションの会社を共同で設立し、全国に展開しました。しかも本を何冊も書いたのです。

「母なしでは、自分をできそこないだと思っていたでしょう。だって綴りが書けなかったんですよ」

弱みと上手に付き合う方法とはつまり、弱みが目標達成の妨げにならないように、最低限のことをすることです。もし、あなたのお子さんが、ある分野で深刻な弱みが見つかったとしても、よくできるようになるはずという期待の元に、それに注力することを強要しないことです。おそらくできないでしょう。字がとても汚いなら、判読可能になる程度まで練習させたら、それでよしとしましょう。本を読むのが苦手な子なら、それを読めるようになる方法を探しつつ、必ず興味のあるものを読ませるようにしましょう。整理整頓が苦手な子には、使いやすい仕組みを作ってあげましょう。細かく整理整頓をさせるのではなく、書類も全部ひとつの大きなフォルダーに収納させたらいいのです。

アンソニーの9歳の娘は、しょっちゅう物をなくします。

「2月にコートをなくしました。図書館では、小学校1年生から毎年、本を借りられなくなっています。図書館から出る前に本をなくすからです。先週末は水泳大会から、靴を片方だけ履いて帰宅しました。片方の靴しか履いていないことに気づかないなんてあるのでしょうか」

それがアンソニーにとって決定打になりました。近所でもう片方の靴を探しながら、彼は悟りました。この状況は決して改善しないだろう。この先も、娘が出かけるときに持ち物について言い聞かせても、きっと失くしてしまうだろう。

「物をずっと管理できないのは、娘の生まれつきの性格で、変えられない。だから、あきらめました。けれど、習慣を作ることもまた彼女の生まれつきの特性でした。だから私はそちらに意識を向けることにしたのです」とアンソニーは言いました。

アンソニーは、娘が一度作り出したルーティンを、やり続けることを知っていました。

「他の子たちと違って、歯磨きした？とか犬の餌やりをして、と彼女に声をかける必要はありません。それが彼女のルーティンの一環なので、注意を促す必要がないのです」

そこでアンソニーは、物を管理することを、娘のルーティンに組み込みました。そして、マスキングテープで習慣化したのです。

「コートや靴、リュックサックを置くのに一番よい場所を彼女に決めてもらいました。それで、その場所をマスキングテープで四角形に囲ったのです。いま、テープの四角形はキッチンの床と車の中、そして義理の両親の家の玄関にあります。娘は学校帰りにおじいちゃんとおばあちゃんの家によく行くからです。家に入ってこのテープの四角形を見ると、自分のものはここに置くのだという目印になります。なんとなく手から離れたその辺に置くのではなくて、ここに置くのだと」

このテープの四角形は、特別なことは何もありません。子どもが物をなくさないようになる魔法の空間でもありません。しかしアンソニーは、娘にはルーティンの才能があることから、置き忘れそうなものをその四角形内に置くことが習慣にできると考えたのです。

「私は毎日、娘に四角形のことを言い聞かせていますが、娘は特に私が言わなくても大丈夫です。私たちはこうも話しました。初めての場所に行ったときは、ただ想像の中で四角形を作ればいいと。うまくいってくれるといいんですけれどね」とアンソニーは言います。

「でも、これからもあの子が物をなくすこともわかっています。それがあの子なんですよ」

人は、弱みの分野では、壁にぶつかったり、ストレスを感じたりすることがよくあるでしょう。アンソニーの娘は、ルーティンの才能があったことで、弱みに取り組む際にそれを活かすことができました。しかし、すべての弱みに、それを直接的に補えるような才能があるとは限りません。たとえば、友達づくりが得意でも、それで苦手な数学を直接補うのは難しいでしょう。でも、友達づくりが得意というのは、子どもが活かすことのできる才能であるのは確かなのです。ギャラップの調査によると、才能を活かすことは、より幸せでより健康的な人生を送るために大いに役立つことがわかっています。

クリフトン・ストレングスの数百万件の結果や、数千件のインタビュー、そしてウェルビーイングに関する調査からわかったのは、自分の才能や強みに集中《フォーカス》すると、生活の質（QOL）が上昇するということです。ギャラップの研究によれば、以下の通りです。

●アメリカ人対象の調査で、自分の得意なことをするのに強みを使えば使うほど、「前日に身体の痛み、心配事、ストレス、怒り、悲しみなどを感じた」と報告する傾向が少ないことがわかりました。これはたとえ健康上の問題を抱えていても同じです。

●自分の得意なことをするのに強みを使えば使うほど、喜びや幸福感などのポジティブな感情が高まり、加えて、十分なエネルギーがある、よく眠れた、幸せである、よく笑う、興味あることを学んだ、敬意を払われている、という報告が増える傾向にもあります。

●毎日、自分の強みに集中する機会がある人は、「生活の質（QOL）が極めてよい」と回答する傾向が3倍以上、仕事にエンゲージする（仕事と組織に熱意を持って関わっている）傾向は6倍も高いこともわかりました。

●強みを活かすアプローチを取ると、あなたの自信は高まり、方向性や希望が見いだせ、他の人へより親切になれます。

あなたの子どもの未来の姿

リア・アドラーが、息子と娘3人を育てたのは、アリゾナ州スコッツデールです。子どもたちはいまでは大人になり、自分たちの生活を確立しています。しかしかつて、リアの悩みの種は、息子のスティーブが、姉たちよりも学校で苦労していることでした。スティーブは失読症でしたが、何年もその診断が下りなかったため、勉強で苦心していたのです。スティーブが高校生のときに両親は離婚することになり、さらに大変になりました。加えて彼は、タスク〔課題〕をやり遂げることも苦手でした。特にやっていて楽しくないタスクは顕著でした。近所の人が彼にペンキ塗りを頼んでくれましたが、やり終える前に帰ってしまったのです。ですから母親が仕上げました。

こう聞くと、リアはもっと厳しくスティーブにタスクを終えさせるべきだったのではないか、と思う人もいるでしょう。もっと学校で頑張らせ、弱みを直させるべきだったのではないか、とも。しかし、その代わりにリアがしたことは、スティーブの才能や興味をサポートすることでした。11歳のとき、スティーブはボーイスカウトの撮影コンテストでバッジを習得したいと思いました。それをきっかけにリアはスティーブが映画を撮れるようにと、お弁当を持って子どもたち全員を砂漠に連れて行きました。14歳になる頃には、スティーブはホームムービーを作ることに熱中しました。リアにチェリーの缶詰を30個買うように頼み込み、それが圧力鍋から溢《あふ》れ出る様子を最初から最後まで撮影していました。

その一方で、スティーブの成績はふるわないままで、学校ではいじめられっ子でした。近所の人からペンキ塗りを依頼されることもおそらくもうないでしょう。もしリアが欠点重視で子育てをしていたら、直さなくてはいけない弱みが山ほどあったはずです。しかし、リアはそうしませんでした。代わりに溢れ出たチェリーを片付けて、スティーブが家でムービー作りに専念できるようにしました。彼が、大好きで本当に興味のあることに。

やがてスティーブは、ホームムービー作りに専念できたことで、自分の弱みに対処できるようになりました。スティーブはのちに、診断されていなかった失読症について、「被害者意識に苛《さいな》まれることは一度たりともなかった」と語りました。

「ムービーは本当に僕を救ってくれた。恥や罪悪感に陥らずに済んだんだ。ホームムービーを作ることで、自分は自由になれた。自分がなんとなく『よそもの』扱いされているようなときでも、自分の内側にあるスキルセットを感じさせてくれたんだ」

スティーブのように、自分の才能を知り、それを伸ばして活かしている人は、多くのことを生み出すためには何をすべきかがわかるメカニズムが備わっているのです。自分の興味のある分野や才能のある分野に没頭することが許されていると、子どもは成功を手にしやすくなります。それだけでなく、弱みで自分の値打ちを決定づけなくなるのです。

子どもの才能や関心が何かは重要ではありません。しかし、それを深く探求させることは重要です。興味を突き詰めれば具体的な専門性につながることもありますが、まったく別の世界に行き着くこともあります。どちらにせよ、あなたの子どもが自分の道を見つけること、それが何より大切なのです。健全なプライドや自信、アイデンティティを育むには、あなたの子どもは自分の才能を知らなくてはいけません。そしてそれを強みにまで伸ばすことも必要です。

リアはスティーブに自分の才能や興味を探求させました。やがて彼はそれを活かしてカメラとともにキャリアを積みました。そして、かなりうまくなったのです。もしかしたらあなたもご覧になったことがあるかもしれません。「ジョーズ」「E.T.」「インディ・ジョーンズ」「シンドラーのリスト」……数多くの作品を本名で監督・製作しています。そう、スティーブン・スピルバーグです。

リア・アドラーは、子どもたちに、自分の興味や才能を大事にし、探求するチャンスを授けました。もちろん、すべての子どもがそうしたチャンスを手にできるわけではありません。そして当然、ムービー作りが好きなすべての子どもが、スティーブン・スピルバーグになれるとは限りません。しかし、自分の得意なことをどんどんやるように後押しすることで、いまはもちろん、これから数年後の人生が違ってくるでしょう。子どもがどんな人間になるのかはわかりません。けれど、あなたは自分の子どもが未来の自分を育てる助けをすることができるのです。

人間とは複雑な存在であり、相手の最高の力を引き出す方法は、一度でできることではなく常に学び続けていくプロセスです。自分も子どもも、一体どこに向かっているのか、よくわからないのです。リア・アドラーは、スティーブがホームムービーと一緒にどんな未来へ向かっているのか、実際にはわかりませんでした。わかっていたのは、彼がそれを作るのが本当に好きということだけだったのです。息子について、こう述べています。

「育てているときには、わかりませんでしたよ、彼が天才だったなんて。本音をいうと、一体全体あんた何者なのよ、と内心は彼に困惑していたのです。本当にお恥ずかしいけれど、私は才能の兆候にまったく気づいていなかった。あの頃、自分の息子が〝スティーブン・スピルバーグ監督〟になるとは、夢にも思いませんでした」

才能にもっと注意を払いましょう

ブルーム分類法を生み出した著名な教育理論の専門家であるベンジャミン・ブルーム博士は、著書『子どもの才能を伸ばす』（未訳）の中で、「特別な才能の持ち主は、小学生のときにはすでにその才能を公に認められることが多かった」と述べています。一部の優れた若者や大人は、たびたび世間を騒がせます。たとえばスポーツ選手や音楽家、数学の天才、芸術家などで思いあたるでしょう。一方で、ほとんどの人はそうではありません。もし私たちが、すべての人のユニークな才能に気づいたらどうでしょうか。その才能が、整理すること、奉仕すること、責任を担うこと、楽しいこと、時間を守ることなどだったとしたら、どうでしょうか。そしてもし、その才能が認められたら、一体子どもはどれだけ伸びるでしょうか。

それに比べて、子どもの弱みに注視することは、本当に簡単です。また、親や学校は、子どもが均整になるよう、すべてを「よく」できるように押し付けることが多すぎます。

しかし、目標は、子どもが自分でやっていて最も幸せに感じること、そしてうまくいくものを見つけて、それを軸に人生を切り開けるように育てることです。あなたができる最善のことは、子どもに挑むことです。子どもたちが成長したい、成功したい、という気持ちが湧いてくるように感化するのです。

私の知り合いに、成功したグローバル企業の役員がいますが、学生の頃はものすごく大変だったといいます。彼女は、大人になってから注意欠陥多動性障害（ＡＤＨＤ）と診断されました。ただ、学生時代の思い出が悲惨なので、あまり驚かなかったそうです。特に悲惨だったのは、大学生のときです。集中できず、簡単な授業のほとんどで、落第か、ぎりぎり及第でした。「授業中はまるで霧の中にいるようでした。教授や学生たちが何を話しているのか、さっぱりわからなかったんです」。しかし、父親は彼女の得意なことに気づきました。そしてそれをもとに彼女をセールス関連の仕事へと導いてくれました。そのとき、父親は彼女にシンプルでいて深い金言を授けています。「弱みは決して伸びないけれど、強みは飛躍的に伸びるものだ」と。

父親のアドバイスを受けて、彼女はレコード販売の仕事に就きました。その後、より収入のよいテープ販売会社に転職し、さらにはもっと高収入の広告代理店の仕事に転職しました。セールスの仕事をする彼女は生き生きとしていました。「私にぴったりでした。仕事で私の意欲を掻き立てることが2つありました。それはセールスマンシップとアイデアです。私はいまでもアイデアを出すことが大好きなんです」と彼女は言いました。

　彼女の上位5つの資質は、〈未来志向〉〈着想〉〈競争性〉〈活発性〉〈社交性〉です。そんな彼女にとって、セールスの仕事は夢のようでした。やがて彼女は友人と一緒に5000ドルを借りて起業しました。その会社はいまやグローバル企業に成長し、繁栄と影響力を手にしています。

「いまの私は父のアドバイスなしではありえなかった。それまで私が人生で受けたアドバイスの中で、最高のアドバイスでした。もし、父がこの生き方を教えてくれなかったら、私の成長や業績はかなり早い段階で頭打ちだったと思います。おそらく大学で」

　子どもが自然にできないことにどう対処したらいいのかを学ぶためには、影響力の大きな親であるあなたの協力が必要です。しかし、あなた自身の弱みも認識し、うまく操縦しなければなりません。もしもあなたがタスクをやり続けることが苦手だった場合、始めたタスクを週末に終わらせる習慣を作らないでください。週末は、代わりに子どもと遊んでほしいのです。その方が、子どもは、そんな習慣からではなくあなたが子どもと過ごす時間から、ずっと多くの恩恵を受けるでしょう。何よりも、弱みにつながる習慣をどのくらい守っていられるかわからないのですから。

自分の弱みを操縦しつつ、子どもが弱みと上手に付き合えるようにサポートする。そのために、以下のことを心に留めておきましょう。

●まずは自分の才能を探求し、それを強みに伸ばすよう努めましょう。強みを日常生活の中に取り入れます。

●可能であれば、自分の苦手な領域にはあまり時間もエネルギーも割かないようにしましょう。自分を「矯正」しようとするのはやめるのです。均整の取れたオールマイティな人間になろうとする必要はありません。それよりも、自分の才能のある領域に時間とエネルギーを費やした方が、ずっと満足のいく結果となるでしょう。

●次にお子さんの才能を一緒に探求してください。子どもは内面に宝の山を隠しています。それを本人が見つけられるようにしましょう。そして生まれつきの才能を、強みにまで伸ばせるようにサポートします。それまでには、なんらかの壁が立ちふさがっているかもしれませんが、お父さんやお母さんがその壁を壊す手伝いをすることを伝えましょう。

●友達や文化は子どもに大きな影響を与えます。一方で、両親や祖父母は、子どもが将来への希望やレジリエンスを育むための強い基盤を築けます。そのことを認識しましょう。

やっていて楽しくなく、特に得意でもない。それでもやらなければならないことは必ずあります。高校を卒業するには、読書が嫌いでも国語のテストで及第点を取る必要があります。領収書の整理が苦手でも、精算処理には、経費報告書を提出する必要があります。自分の弱みを無視してはいけません。でも、自分の才能や強みを知っていて、成功体験があれば、弱みにずっとうまく対処できるようになります。大切なのは、自分の弱みを操縦して、すばらしい力を発揮する際に足をひっぱらせないようにすることなのです。

それは、子どもたちにとっても同じです。大人として、子どもをどのように判断するか、本当に気をつけなくてはいけません。大人はその判断しだいで、子どもに自分自身に対する疑問を持たせてしまいます。自分のことをすばらしいと思えなくしたり、潰《つぶ》してしまうことさえあり得るのです。しかし、私たちは、子どもを変えることはできません。私たちは子どもを自分ではない別人に矯正することはできないのです。その代わり私たちは、子どもがありのままの自分を、より楽に、伸ばしやすくすることができるのです。

私たちは、助けを必要としている子どもたちを、
問題児ではなく、可能性を秘めた、ひとりの個人
として見る必要があります。
子どもたちひとりひとりにあるよいところを
引き出せる、クリエイティブな方法を
見つけることができると信じています。

デズモンド・ツツ大主教
1984年ノーベル平和賞受賞者

第3章

子育てに「正しい」やり方などない

There's No "Right" Way to Parent

古今東西、子育てノウハウや育児論はたくさんあります。それこそ子どもをどう育てるかというアドバイスは、トーラー〔ユダヤ教の律法〕からツイッターに至るまで溢れています。

ただ、そのうちのいくつかは、弊害をもたらすものとなってしまいました。たとえば、１９２８年に出版された育児書で、行動主義心理学者のジョン・Ｂ・ワトソンはこう記しています。「親は決して子どもにハグしたり、キスしたりしてはいけない」。親の愛情表現のためには、それよりも毎朝握手をするべきだ、と。どうやらワトソンは、子どもを抱きしめると、将来までとてつもない期待を抱くようになると考えたようです。

幸い、このアドバイスはいまでは受け入れられなくなりました。その一方で、溢れんばかりの新しいアドバイスのせいで、戸惑いの原因になっている節があります。「子どもに社交の機会をたくさん持たせるように。でも多すぎてはいけません」とか、「子どもにはちょうどよい適切な睡眠時間が必要です」とか、「ビタミンを与えましょう。でも多過ぎないように」とか、「必ず外でたくさん遊ぶ時間を取ること。でも日焼けには注意」とか、「芸術、スポーツ、学問などで、子ども自身が表現できるよう奨励しましょう。しかし、勝てというプレッシャーを与えるのは禁物です。いいえ、ある程度の適切なプレッシャーならよいでしょう」とか。

明らかに、子育ての方法はひとつだけではありません。ですからいつでも親たちは自分のやり方があっているのかどうか、逡巡《しゅんじゅん》し悩み続けてきました。２００年以上前、アビゲイル・アダムズ〔第２代アメリカ大統領夫人、作家〕は、友人や家族と子どもの発達理論についてよく話をしていました。そして彼女の好きだった育児理論者のジェームズ・フォーダイス牧師が親たちに説いていた言葉は、驚くほど現代に通ずるようにも聞こえます。

「子どもたち個人の成長と、ひとりひとりの発達のあり方を理解し、サポートするように」

いまに至るまで、子育てに関してあなたに、ああしろ、こうしろという人はたくさんいます。正しい子育て法について多くの議論やアドバイスが存在するのは、子どもが私たちの未来だからです。しかし、わが子を育てる、魔法の薬や万能の子育て方法は存在しないのです。

誰もがみな、才能を持っています

テンプル・グランディン博士は１９４７年生まれ。彼女が２歳になる頃、両親は彼女が自閉症であると告げられました。言葉を話すようになったのは、4歳の頃でした。10代のティーンエイジャーの頃は、他の子どもたちから「テープレコーダー」と呼ばれていました。同じことを繰り返す習慣があったからです。

テンプルが幸運だったのは、両親が「彼女ができること」にフォーカスすると決めたことです。そうすると彼女には「できること」がたくさん増えました。そこから3つの学位を取り、教育界ですばらしいキャリアを築き、動物愛護の第一人者となり、自閉症コミュニティの希望と思いやりの光となったのです。しかし、もし彼女が学士号を取得したフランクリン・ピアース大学の卒業条件に代数の単位取得があったなら、彼女は世界に名を響かせるテンプル・グランディンではなかったでしょう。彼女は、こう言います。

「私は代数ができません。でもそもそも意味がわからないんですが、どうして、代数が他の数学への入門でないといけないんでしょうね」

親は、実際に「普通の期待値」に届かない子どもを授かるまでは、自分が子どもにどれだけ期待しているか気づかないものかもしれません。T・ベリー・ブラゼルトンとスタンレー・I・グリーンスパンは、代表作『こころとからだを育む新育児書』で次のように述べています。

「親は昔から自分の子どもひとりひとりが違うことをわかっていましたし、受け入れてきました。いまはツールもあるため、以前ならなんとなく把握していた違いを確認できます。しかし、より重要なのは、それを体系化することです。そうすれば、親はその洞察を活かして、家族が期待する型に沿った子どもだけではなく、それぞれの子どもの健全な発達を促せるようになります」

どの家庭も、大切にしている価値観に基づいて独自の型が作られていきます。しかし、社会にも枠や定型があり、わが子がそれに当てはまることを期待します。そのため親は、子どもが初めて言葉を話した月齢はいつか、1分間で走れる距離はどのくらいか、太陽系を知っているかどうか、センター試験の勉強はどうか、あるいはそもそも試験を受けられるかどうかを気にすることになるのです。そして、それらの結果をよその子たちの成績と比較します。社会から当然と期待される定型の基準を頼りに、わが子がどのくらい当てはまるか、あるいは当てはまらないかを確認するのです。

もちろん、そういう定型が重要ではないと言うわけではありません。しかし、すべての子にとって同じ重要度ではないのです。ある子は太陽系の惑星を知らないままでしょう。一方、太陽系のことしか話したくないくらいに、詳しい子もいるでしょう。どちらのタイプの子も、世の中に、そして彼ら、彼女ら自身に提供できる何かを秘めているのです。

娘が毎日靴やカバンをなくさないように四角形のテープを貼ったお父さん、アンソニーを思い出してください。アンソニーの妻カミルはこう言いました。

「学校の心理カウンセラーは、あの子が注意欠陥障害（ADD）か自閉症じゃないかって言ってるの。もしそうなら私たちはどうすればいいのかしら。何が悪いのかわかっていないのに、どうやって助ければいいというの。すごく心配よ。靴もまともに履いて帰ってこれない子が、大人になって仕事に就けるのかしら」

カミルは心配しすぎだと思いますか。

彼女が子どもに対して抱いている不安を否定するのは簡単です。「いま、ものすごく成功していても、子どもの頃に靴をなくした人はたくさんいるのよ」と。もしあなたの子どもでないならば、そう言えるでしょう。しかし、自分の子どもが定型から外れていれば、不安を感じるのは当然の反応なのです。特に現代は期待値で溢れているのですから。

ヘザーとスコットにはわかったことがあります。彼らの元にはまず三つ子が授かりましたが、その後生まれた第四子のニックはダウン症でした。それにより、ヘザーとスコットは、それまで知らなかったことにたくさん直面しました。

「特別な支援を必要とする子どもがいると、彼ができないことについて、他人から常に指摘され続けることになります」と2人は言います。

「彼は、通常の授業についていけません。ですから成績は上がらない。すぐに、他人が指摘する『できないこと』だらけになります。実際、指摘された『できないこと』を私たちが目の当たりにしたことも何度もあります。そうすると、私たちは彼の将来を考えるとき、どうしても悲観的になってしまうのです。しかし、ニックの強みに気づけば、『できないこと』以外にも意識を向けられるようになりました。たとえば、彼は数列が苦手ですが、2桁の計算や足し算では能力を開花しています。また、彼の人との関わり方を見れば、将来、何ができるのかもわかりました。そうすれば、自分にはどんなことができるのかを彼に教えてやることもできます」

ニックの能力に気づくことで、家族や先生、コーチは、問題点を直す以上のことができるようになったのです。ニックができることに着目すれば、彼のやる気を引き出し、成長させられますし、周りはサポートすることができるのです。

誰もが支援を必要としています。それは、床に四角形のテープを貼ることかもしれませんし、場合によっては、生涯にわたる医療やさらなる発達、専門的な心理面での支援もあるでしょう。しかし、どんな子どもであれ、自分の才能を発揮できるようになるための支援が必要なのです。なぜなら、どの子にも課題もあれば、才能もあるからです。

誰もが才能を持っています。そして親は、わが子が自分の才能を気づけるように助け、支え、後押ししなければなりません。その上で、才能を強みに伸ばそうとする彼らに拍手を送る必要があるのです。どんな子も、自分のやり方で才能を伸ばすことができるのです。

ジェフは芸術家になる「予定」はなかった

ジュリーとハル・ハンソンの息子ジェフが12歳になったとき、医師は彼の視神経に腫瘍を見つけました。ジェフの化学療法と放射線治療は何週間にもおよびました。回復してきた頃、友達や家族がお見舞いに来ましたが、少々気まずい雰囲気になりました。ジュリーいわく、「髪の毛のない子に何といえばいいんでしょう」。そこで全員の気持ちを楽にするために、ジュリーとハルはノートカードと絵を描くための道具を準備しました。そうすれば、ジェフとお見舞いにきてくれた人が一緒に楽しく遊ぶことができると思ったからです。ジュリーは、特に気に入った絵だけを残して、あとは捨てていました。そのうちに、彼女はあることに気づいたのです。残していたものは、すべてジェフが描いたものでした。

「彼に芸術的な才能があるとは思いもよりませんでした」

数カ月後、随分よくなったジェフは、お小遣いを稼ぐために道端でレモネードを売っていいかと親に相談しました。そして結局、レモネードの代わりに、自分のノートカードと、母ジュリーお手製の焼き菓子を売ることにしました。そしてジェフのノートカードはすぐに人気になりました。そしてあっという間に大人気になり、結果的に、ジェフの作品は１万５０００ドル相当も売り上げたのです。「ジェフはもともと芸術家になろうとは思っていませんでした」と、後にハルは語っています。

「あまりにも現実離れしていて、どうとらえたらいいのかもわかりません」

ハル、ジュリー、ジェフの３人は、売り上げの３分の１をジェフが使えるように、３分の１をジェフの貯金に、３分の１を慈善団体に分配することにしました。そして、この新しく見いだされた才能を伸ばそうとジェフの後押しを始めたのです。ハルとジュリーは、未完成だった地下室に彼のためのアトリエを作り、紙とキャンバス、新しい絵の具や塗料を保管するようにしました。すぐに、ジェフは自分の絵を販売するようになりました。描いては売り、描いては売り、作品づくりに没頭し、19歳になるまでに、およそ１３００点の作品を販売したジェフ・ハンソンは、１００万ドルをさまざまな慈善団体に寄付しています。これだけ聞くと簡単なように感じられるかもしれませんが、実際にはここまでには多くの困難がありました。その都度、両親はそれを乗り越えるためにジェフをサポートしてきたのです。

課題のひとつは、ジェフがＡＤＤを持っていたことで、特に学校で苦労したことでした。ジュリーは、ジェフに決まりごとをわかりやすく作ってあげる必要性を理解していました。そのため、ジェフと一緒に彼の毎日のルーティンや達成すべきことを書いたリストを作り、冷蔵庫に貼りました。ジェフはリストが大好きで、達成したことに印をつけられると嬉しくなります。リストは、彼の世界に仕組みとやる気を与えてくれました。

これはジェフのＡＤＤという課題には役立ちましたが、ジェフにはほかにも、ジュリーとハルがどうすることもできなかった課題もありました。ジェフは法定盲目でもあったのです［米政府によって定められたもので、完全に見えないのではないが、通常の視力で２００フィート（61メートル）離れた所で見えるものが、20フィート（６・１メートル）以内まで近づかないと見えない視力］。ジェフの視力が損傷を受けたのは、12歳のとき視神経にできた腫瘍とその後の治療が原因です。ですから、それ以降ジェフが生み出したすべての芸術作品……、たとえば化学療法と放射線治療中に描いた絵も、車道の端で売ったノートカードも、何万ドルもする絵画も、最近ではクチュールドレスやポルシェまで。それらはすべて弱視の子によって生み出されたのです。

ジュリーとハルは、ジェフの生来の才能に気づき、それを最大限に発揮させるためのありとあらゆるサポートをしました。また、ジェフの深刻な弱みも把握し、ジェフがそれに対処できるように助けました。ジェフがこのようにすばらしい成功を収めたのは、彼と彼の家族が初期の頃から、才能と強みに力を注力すべきだと決断したからなのです。

子どもが一番求めているものを与えよう

子どもがより多くのことを学び、成長するのは、できることに力を注いだときです。苦手なことではありません。親も同じです。そして子どもは、よくできることを親によって認められると、完璧でない自分を少し許容できるようになり、生き生きするのです。そして、あなたがいま親として最も心配していることが、子どもが成長したときに感謝されることになるというと驚くでしょうか。

サミュエルは、９人兄弟でした。母親は、子どもたちに「十分に目をかけられなくてごめんね」とよく謝っていました。しかし、サミュエルは当時そう感じたことは一度もなかったし、いまもそうだと言います。

「いつも驚いていたのです、どうやって父と母は私たちひとりひとりに注意を払うことができるのかと。でも両親はそうしてくれていたのです」とサミュエルは言います。

「両親はスポーツの試合や演劇、音楽コンクールなどのイベントには、必ず出席していました。父は私が所属していたボーイスカウトの隊長でしたし、母は私の最大のファンで、親友でした。両親がいつも出席してくれたことは、とても大きな意味がありました」

サミュエルの両親は、子どもたち全員を十分サポートできるかどうか、いつも心配していました。子どもが９人いて、家計もギリギリだったからです。しかし、サミュエルは不満を感じませんでした。父親は「我が家の７人の少年たちは、あらゆるスポーツの試合に出てきて、同時に満足な道具を持っていないことでも有名でした」と振り返ります。

「それでも、試合で負けて帰ることは滅多になかったのです」

多くの親たちは、サミュエルの両親がどんなに成績に注意を払わず、同時にどんなに子どもたちを自由にさせていたかを知ると、驚くでしょう。両親が子どもたちに求めていたのは、ただひとつだけです。平均でＣの成績を取ること。そうでなければ課外活動をさせないということ。サミュエルは、そのことにいまも驚いているといいます。そして、両親は先生やコーチの判断にも口を挟みませんでした。たとえば、コーチに自分の子どもたちを試合に出してくれと頼みもしませんでした。サミュエルいわく、「『自分で勝ち取るんだ。そうでなければ何も言うな』と言われました」と。

　サミュエルが育ったのは、収入や大人による管理、教育への関心や投資が限られた家庭です。もちろん、そうした環境は子育てには向いていないという人もいるでしょう。しかし、サミュエルの意見は違います。彼いわく、自分が育ったのは愛と敬意とサポートに溢れた家庭だったと。両親は、彼が才能を活かし、責任感を育み、真剣に考え、一生懸命働き、人を頼り、頼られる人になるように後押ししてきました。両親は、彼がすばらしい人生を築くために必要なものを提供したのです。そして彼はそれを手に入れました。サミュエルはいま、愛すべき家族を持ち、非常に有能なエグゼクティブとしてのキャリアを歩み、才能を発揮しています。

　では、何が子どもの発達に違いをもたらすのでしょうか。そこには多くの要因があります。成績優秀な黒人の中学生を対象に、親の態度を調べた研究結果があります。明らかに特徴的だったのは、親が子どもたちと、それぞれの子どもに合わせた方法で向き合い、話をしていたことでした。彼らは子どもたちを肯定的に信じ、子どもたちをやる気にさせる具体的な方法を見つけていたのです。さらに、子どもの才能についてとても詳細に語ることができ、92%がその子にしかない才能を列挙することができました。

そのほかの具体的な態度は、以下の6つのカテゴリーに分類されます。

●**方向性**　子どもにしっかりした方向性を示しています。たとえば、子どもに期待することを言葉で伝えたり、子どもがよい教育を受けられるようにサポートしたり、能力を磨くための努力の大切さを説くことで、方向性を示します。適切な行動のお手本となり、必要ならば子どもを支持するなど、擁護する役割も果たしていました。

●**子どもに向き合う時間**　勉強や宿題も、子どもと一緒にすることに時間も労力も割いていました（宿題をする、2人きりの時間を過ごす、ゲームをする、本を読んで話し合うなど）。子どもと2人のときは、子どもが話したいことに耳を傾け、それについて話し合っていました。

●**お祝い**　親は子どもと一緒に祝っていました。彼らはお祝いやポジティブな経験を意図的に企画して、必ず子どもがよい時間を過ごすようにしていました。たいていは、こうした楽しい時間の仕組みを、子どもがまだ小さいときから設けています。

●**承認**　親は子どもたちひとりひとりを惜しみなく褒め、強化〔心理学で、報酬によって再びその行動をとりたくなったり、結びつきが強まったりするプロセスのこと〕をしていました。親からの承認や報酬《リワード》は、子どもが努力して達成したことに直接焦点があてられていました。

●**心の支え**　親は、個人的な、多くの場合は身体的な、そして感情的なサポートを提供し、子どもの心の支えとなっています。身体で愛を表現し、子どもに応え、子どもの演技や試合を見る時間を作ります。また、自分が話すよりも、子どもの話を聞いてサポートすることが多いです。

●**仕組み**　親は、子どもが悪いことをしたときだけでなく、いつでもしっかりよいことと悪いことについて子どもに話しています。また、「きちんと」「正しく」「秩序立てて」行うことを優先しています。親は、子どもがやりがいのある責任を担う機会を設けたり、子どもが自分で計画や目標を立てられるように助けたり、お手本を見せることで責任を示したり、子どものことを頼りになると信頼していました。

サミュエルの両親は、子育ての最中、この研究のことは知りませんでした。しかし、サミュエルはこれらの点を、両親が自分を育てたやり方だと言うでしょう。ですが、サミュエルの母親は、謝らなければならないと思っていたのです。彼女は、時間もお金も限られるなかで9人をすばらしい人間に育て上げました。それでも、自分の子育ては正しいやり方ではなかったと思ったのです。

どんな親も常に心に留めておかなくてはいけません。子育てとは、子どもが生き生きと開花し、成長するのを助けることである、と。そして、そのための正しいやり方はひとつではないのです。

強みを活かした子育てをすると、
子どもがストレスに対して
「ポジティブ・フィルター」をつけることができます。
それは、子どもが回避行動や攻撃的な対処反応を
取るのを抑えることにもつながります。

リー・ウォーターズ博士
メルボルン大学教育学大学院　教授

第4章

あなたの子育ての強みは？

Your Parenting Strengths

子育ては、仕事のようには選べません。もし、強みに基づく組織で働けば、従業員は自分の才能や強みを活かしてビジネスの成果を出して、会社に恩恵をもたらすことができます。従業員は、深い充実感のあるキャリアを自ら選ぶこともでき、そうでないキャリアには就かないことだってできます。さらに、強みのコーチングを受け、自分の才能にあった、最大限に活かせる仕事や役割は何か探すこともできるでしょう。

しかし、それができるのは仕事だからです。「親になる」とは、そうではありません。親として、「自分の才能を子育てという仕事に合わせる」必要があります。また、子育てにおいて「自分は間違っているのだろうか」と、罪悪感と不安でいっぱいになるときもあるかもしれません。しかし、自分の弱みに意識を集中させるよりも、子どもの方に意識を向けて、子どもというひとりの人を楽しみましょう。自分の才能にあった子育てのやり方をすれば、キャリアで成功した人と同じように、とても多くのことを成し遂げられます。

たとえば、あなたの強みの資質の上位に〈回復志向〉があるとしましょう。この資質は問題やトラブルを解決することが得意で、しかもそれを苦にしない傾向があります。問題を無視しても、消えてなくなるわけではないことを知っています。かつ、それに立ち向かう勇気もあるでしょう。それは、仕事で大切なスキルであるとともに、子育てでも役に立ちます。特に子どもが学校でトラブルにあったときには活躍してくれるでしょう。あるいは、〈公平性〉という資質を取り上げてみましょう。この資質が上位資質のひとつにあると、公正であること、そしていつでも予測がつく状態を保とうとする可能性が高いです。あなたが「家庭がうまくまわるためのいつもの手順」を守ろうとすることは、子どもが安全で健康でいられるルールを決め、守ることにつながります。

自分の才能や強みを自覚して活用し、それを最大限に活かすように生活を調整するには、とにかく練習と不断の努力が必要になってきます。自分の才能や強みのために時間やエネルギーを割くのは、特に子どもがまだ小さい場合は大変かもしれません。小さな子どもには、「いますぐ」に対応しなければならないことばかりですし、そのうえ、要求がコロコロ変わります。しかし、頑張って時間を取るだけの価値はあるのです。

たとえば、フェリックスとアンナ夫妻は、共働きで、3人の子どもがいます。フェリックスは乱雑な状態がとにかくだめ。彼いわく、散らかった家にいるのはまるで誰かに怒鳴られているような気がするそうです。一方、アンナは、散らかっていてもそれほど気になりません。どちらかといえば、片付けるより散らかす方が多いといいます。そして、彼らの子どもたちは、すべての子どもがそうであるように、散らかしチャンピオンです。

フェリックスとアンナはクリフトン・ストレングスのアセスメントを受けた結果、トップ5の資質のうち2つが同じであることを発見しました。〈コミュニケーション〉と〈未来志向〉です。しかし、アンナの1番目の資質が〈個別化〉であった一方、フェリックスは〈規律性〉だったのです。才能を知ることで、これまでにない形でお互いを受け入れ、理解できたとアンナは言います。

「私が思うに、フェリックスはずっと、私が散らかっていても気にしないのは道徳観が足りないから、と信じていました。良識のある人なら誰でも毎日家を片付けたい、と思うはずなのに、私はそうしない、と。でもいま、彼はやっとわかったんです。私はただモノをモノとして見ているのです。モノは食器棚にあってもいいし、テーブルの上にあってもいい。私にとってはたいして違いはありません」とアンナは言います。

一方フェリックスはこう言いました。「そしてアンナもやっと私をわかってくれました。私にとっては、散らかっているのは崩壊の前兆なのです。たとえて言うなら、天井からしたたる雨漏りが、やがて屋根を壊すような……。ですから家が散らかっているとき、私が考えることはたったひとつ。状況が悪くなる前に、普通の状態に戻したいのです」

片付いていない状態は、フェリックスにとってはまるで災害の到来を予感させます。それに対処するために、彼はとても大きな精神的、感情的エネルギーを消耗します。彼は本来、そのエネルギーを家族のために使いたいと言います。しかし、依然としてアンナにとって散らかっていることは問題ではありません。本当にまったく問題ではないのです。しかし、片付いていない状態は2人ともをイライラさせるようになりました。どうにかしなければいけない。そこでフェリックスとアンナは、それぞれの強みを使うことにしました。

まず、フェリックス、アンナと子どもたちは「ぐちゃぐちゃ憲法」を作成しました。そして全員、自分が散らかしたら、その前以上によく拾うと決めました。しかし、家の中を整理整頓するのはそれが得意なフェリックスの仕事です。アンナは片付けが上手になりましたが、やはり非常によく整理整頓ができるというわけではありません。アンナは、フェリックスが求めるレベルで家をきれいにすることに時間を費やす必要がなくなり、その時間を〈個別化〉の資質を有効活用して、子どもたちのチームのコーチを引き受けることができました。家族にとってスポーツは大切だったので、2人はもともとボランティアで子どもたちのチームのコーチをしてきたのです。しかし、アンナの方がフェリックスよりも上手で、しかも楽しめました。

フェリックスとアンナは、自分たちにしかない才能や強みを活かすことで、家の状態も、家族も、そして自分たちも、より幸せになることができました。さらに思いがけないことに、才能を「毎日の片付け」というミッションの基本として用いたので、自分の才能について考える機会が増えたのです。それは、フェリックスとアンナそれぞれにとってだけでなく、チームとしての彼らにとってもよいことでした。パートナーは、才能を一緒に使えば、もっとかみ合うようになるのです。

最高のパートナーシップには特別な力が宿る

多くの夫婦がそうですが、フェリックスとアンナは、幅広い種類の才能と強みを持っているという意味で恵まれています。パートナーがともに同じ才能を持っている可能性は低いので、より広い視野で子育てをすることができます。実際、同じトップ5を持つ〔順番は問わない〕確率は、約27万8000分の1程度です。ですから、2人の異なるすべての上位資質を使って人生を奏でることができるカップルは、有利だといえるでしょう。

子育てで大変なことのひとつは、常に直ちに決めなくてはいけないことの連続だからでしょう。大きな決断であれ小さな決断であれ、どれも細心の注意を払わなくてはいけません。それらがもし、夫婦としての才能に任せることができたら。たとえば「私は〈アレンジ〉で自動車の相乗りスケジュールを立てるから、あなたは〈個別化〉で子どもたちが今週末にしたいことを見つけて」。それはある意味特別な力《スーパーパワー》ではないでしょうか。

上手にお互いの才能や強みを活かしたコラボレーションは、単純に個々の能力の寄せ集めでは終わりません。最高のパートナーシップを築いている人たちは、「別々にやっていたときよりも、一緒にやったほうが、ずっとうまくできるし、もっとたくさんのことができる」とよく言います。次にあげるパワフルなパートナーシップの8つの要素を理解し、あなたとパートナーの強みを活かした子育てとはいったいどんなものなのかを考えてみましょう。

●**強みの補完**——誰にでも弱みや盲点があり、目標達成の足をひっぱることがあります。誰かとチームを組む最大の理由のひとつは、自分の弱みを補い合えるような人と一緒に仕事をすることです。ひとりではできることに限りがありますが、2人のペアであれば総合力が生まれます。

●**共通のミッション**——パートナーシップが失敗するとき、その根本的な原因はたいてい、

２人が違うアジェンダ〔事項〕を追求していたことにあります。しかしパートナーが2人とも同じことを強く望んでいたら、個人的犠牲を払ってもそれをやり遂げます。

●**公正さ**――公正さを求めることは人間の本質です。それだけニーズは深いので、しっかりしたパートナーシップには公正さは不可欠です。

●**信頼**――他人と一緒に仕事をするということは、リスクを取るということです。相手が全力を尽くしてくれると信じられなければ、自分自身も全力を尽くすことはできないでしょう。信頼がないのであれば、ひとりで仕事をする方がずっと楽です。

●**受容**――私たち人間は自分独自のレンズを通して世界を見ています。２人が一緒になれば、異なる性格である以上、必ずその違いから軋轢《あつれき》が生まれるでしょう。ですから、お互いに相手の特質を受け入れることを学ばない限り、争いの素となります。

●**許し**――完璧な人などいませんから、ミスをするときもありますし、時には間違ったことをすることもあります。許されなければ、前には進めません。誤解が生じたときも、コミュニケーションが途切れたときも、パートナーが間違いを犯した場合であっても、同じです。そして、どうやっても間違いは起こるものなのです。

●**コミュニケーション**――初期には、パートナー同士のコミュニケーションが取れていることは、誤解を防ぐのに役に立ちます。後期には、継続的にコミュニケーションを取っていることで、２人が阿吽《あうん》の呼吸で連携することができるでしょう。

●**利他**――最高のパートナーシップでは、関心が自分自身の幸せに自然に向いていた状態から、パートナーの成功で満足感が得られる状態へと変化します。このレベルに達した人は、パートナーとのコラボレーションが人生で最も満たされることだと言います。

パートナーシップを結んで子育てするやり方は何百通りもあります。シングルマザーやシングルファーザーは、友人や近所の人、祖父母と組むことができます。また、両親がそろっていても、自分がひとりで育てているかのように感じる人もいるかもしれません。出張が多い、シフトの時間が違うなどの配偶者がいる人です。もし、あなたがひとりで子育てをしていると感じているとしたら、あなたの生活の中で、ほかにパートナーが組める人がいないかどうか考えてみてください。あなたが信頼して話ができる、子どもの先生やメンターはいるでしょうか。テクノロジーを使って、配偶者、友人、親戚に連絡を取ることはできるでしょうか。すべての親にはパートナーからもたらされる感情的なサポートと、協力してくれる人が必要なのです。

そして何より、すべての親は子どもと協力《コラボレーション》して子育てをしなければなりません。小さい子にスノースーツを着せようとしたことがある人なら、わかるでしょう。赤ちゃんだった子どもを、幸せで、健康で、自立した大人に育て、充実した人生を自分で切り開いていけるようにする。それが親と子の真のパートナーシップなのです。そして、自分の強みを知っていて活かすことができる親は、より苦労せずに、より満たされる子育ての時間を持てるのです。

お子さんのことを、もっと知りましょう。
ただお子さんの好きなことだけではありません。
やる気にさせるものは何でしょうか。
毎日楽しみにしていることは何でしょうか。
そしてどのように愛を表し、受け取るのでしょうか。
そして何より、お子さんの強みは何でしょうか。
目を向けてください。

マギー・マクマホン
起業家、母

第5章

子どもの強みを知る

Understanding Your Children's Strengths

親は赤ちゃんを授かったとわかった瞬間から、世界をそれまでとまったく違う目で見るようになります。食事やベビーベッド、洋服に至るまで、できる限り安全なものを手に入れようとします。そして、最高の教育を受けさせようと、なんでもしようとするでしょう。また、子どもの周りのすべての人、すべてのものに目を光らせるはずです。子どもの人生に関わる人々が、親である自分たちと同じくらい子どものウェルビーイングに献身的に貢献してくれるように。親がこうしたことをするのは、わが子を愛していて、守りたいから、そして、子どもの成長は、育つ環境にかかっている、と聞かされてきたからでしょう。

しかし、果たしてそれは本当でしょうか。生まれつきか、育ちか。自分らしさを形づくるのは、ＤＮＡなのでしょうか、それとも育てられ方なのでしょうか。答えは、両方です。私たちの才能は生まれつきのものですが、それがどのように現れるかは、私たちの環境や経験が大きく関係します。当然ながら、虐待のある家庭、暴力的な環境、絶望的な貧困の中で育つ子どもたちは、想像を絶する困難を乗り越えなければなりません。そのような養育環境では、生き延び方は学びますが、生き生き、ワクワクとなにかに取り組むことは必ずしも教えてもらえません。

温かい家庭に生まれた子どもの親は、できれば、子どもにとって最適な環境、そして成長と発達に必要なものを整えたいと願うでしょう。何が「最適」かは、親や家庭によって違います。農場で育てるのが夢という家庭もあれば、オーケストラのない街で子どもを育てるのは想像できない、という家庭もあるはずです。

しかし、どんな親でも、自分の子どもには最善を、と望んでいることに間違いはありません。そして忘れてはならないのは、子どもにとっての最善とは、子どもの内にある最善、つまり長所なのです。家畜がいてもいなくても、オーケストラがあってもなくても、どんな環境であっても、その子が自分の才能を使うことができれば、より幸せになれるし、よりうまくいきます。だから、才能を育てることが大切なのです。

しかし、才能が目覚めるまでは、しっかりと時間や目をかけることが大事です。私はギャラップのドナルド・O・クリフトン子ども発達センターのディレクターですが、先生たちから、子どもたちがどのように成長し、どのように才能が発露しているか話を聞くことをとても楽しみにしています。このセンターの教員採用基準のひとつに「個性を見抜く力」があります。幼い頃から現れる才能にきちんと気づき、可能性を見いだし、子どもたちひとりひとりのユニークさに気づける先生を求めているのです。

先生は、子どもの才能を伸ばすことに重点を置いた能力開発を行い、同時に客観的に子どもたちを見ています。この客観性は親にはないかもしれません。一歩後ろから子どもたちの違いや、発達の度合いに気づくことができます。たとえば、シャイロはグループで盛り上がるまでには他の子より少し時間がかかる、ジョーダンはすぐに他の子を安心させる、などです。先生にとっては、それは才能が発露している兆候です。親にとってはそれはただ、シャイロはシャイロらしく、ジョーダンはジョーダンらしくいることでしかないかもしれません。毎日いろいろな子どもたちと接していれば、ひとりひとりの違いに気づきやすくなります。

　そして才能を知ることは、就学前、そして小学生の子を持つ親にとって、とても大切なことです。先生の子どもに対する視線は、親とは異なるものです。彼らは、親が気づかないような能力や問題を探しだし、特定できますし、そうした訓練を受けています。ですから、先生にいろいろ尋ねてみてください。そして先生が話すことに注意深く耳を傾けます。その答えが、子どもの強みと弱みにどう合致しているかを考えてみましょう。先生からの視点は、あなたが子どもの才能を育むのに役立つはずです。

　とはいえ、子どもに現れる才能を知るために、入学まで喜んで待つ親には会ったことがありません。親は、生まれる前からもうすでに、その子の性格的な特徴をつかもうとするものです。そして、ギャラップの強みの専門家は長い間、子どもに関するアドバイスやアセスメントを親から求められてきました。

お子さんの才能に気づいていますか？

誰もが何かしらの才能を持って生まれてきます。その生まれ持った才能を開発するには、それが何であるかを知る必要があります。では、親はどのようにすれば子どもの生まれ持った才能を発見できるのでしょうか。

もちろん、人は時間とともに変わりますし、若ければ若いほど、変化する可能性は高くなります。しかし、人格は発達するものの、核となる人格特性は、情熱や興味と同じように大人になっても大きな変化はないことが研究によってわかっています。事実、23年という長期間にわたってニュージーランドで1000人の子どもを対象に行われた研究によると、3歳のときに観察された子どもの性格は、26歳で報告された性格の特徴と驚くほど共通していました。この研究結果は、性格のルーツが発露するのは、当初考えられていたよりも早い年齢である可能性を示しています。

幼い頃でも輝き始める優位な特性はいくつかあります。たとえば、あっという間に新しい友達を作れるとか、非常に競争心が強いなど、将来の強みのヒントとなる性格に気づくかもしれません。次の才能の発露を示す、4つの指標を観察してみてください。

- **憧れ**――お子さんが繰り返し惹きつけられる、特定の活動や環境は何でしょうか
- **習得の早さ**――お子さんがすばやく習得したスキルや知識は何でしょうか
- **満足感**――お子さんが熱意とやる気を持って挑戦し、やり遂げて、心理的な充足感を得ることは何でしょうか
- **時間感覚の喪失**――お子さんが夢中で没頭し、時間感覚がなくなる活動は何でしょうか

このようなヒントにあてはまるような兆候が繰り返し見られたら、そのときその子は、才能のある分野で活動していると考えてよいでしょう。

子どもの才能を見つけるためには、才能のヒントを探そうと観察するだけでなく、きちんと特定する必要があります。ギャラップでは、子どもの年齢、読解力、成熟度に合わせて、さまざまな方法を提供しています。**詳しくは巻末の付録1「クリフトン・ストレング**

ス」、付録2「ストレングス・スポッティング」、付録3「クリフトン・ユース・ストレングス・エクスプローラー」をご覧ください。一般的なガイドラインは以下の通りです。

●すでに15歳以上なら、「クリフトン・ストレングス」を受けられるでしょう。このアセスメントは大人が受けるものと同じで、小さな子どもよりも、大人や年齢の高い子の方が理解しやすい概念や専門用語が使われています。本書には、あなたやお子さんが「クリフトン・ストレングス」の受検に使えるアクセスコードがついています。

●10歳未満の場合は、「ストレングス・スポッティング」のパートをご参照ください。ギャラップには、9歳以下の子どもが受けられる正式なアセスメントはありませんが、「ストレングス・スポッティング」には、子どもの潜在能力、強み、そして興味を観察するためのアイデアが含まれています。

●10歳から14歳なら、「クリフトン・ユース・ストレングス・エクスプローラー」のアセスメントが受けられます（現状は英語版のみ）。14歳以下の子どもの資質については付録2、3で共通していますので、ぜひ2つのパートをご参照ください。

子どもの才能を知る最善の方法のひとつは、まずあなたが自分の才能を理解することです。強みという共通言語を使って、たくさんの才能資質を身近に感じてください。自分自身の才能と強みを知ることで、認知度と能力の向上につながり、子どもの才能を見抜き、理解しやすくなります。

自分の才能を知り、お子さんの様子を観察したり、話を注意深く聴いたりして、できる限りの情報を集めましょう。すると、その子の才能の特徴やパターンが見えてくるはずです。そして、その才能を最大限に発揮できる環境を整えて、強みまで伸ばすようサポートを始めましょう。

子どもの才能は、あなたと同じではないかもしれない

親として、覚えておいて欲しいことがあります。趣味や楽しいと思う活動が親子で異なるように、あなたの才能とお子さんの才能は違うかもしれません。たとえば、あなたのトップ5の資質に〈競争性〉がある場合、わが子はなぜあなたのように勝負にこだわらないのか、理解できないかもしれません。お子さんはゲームの勝敗はどうでもいいけれど、他

の子と一緒にいることやチームの一員であることを楽しんでいるのかもしれないのです。

エリザベスは〈共感性〉の資質をトップ5に持つおばあちゃんです。彼女は、人生に起こることを心で理解し、自分に湧き起こる気持ちを感じることを楽しみます。ですから、豊かな感情に溢れた人生を送れない人たちをかわいそうに思っていたのです。つまり、息子と嫁、彼らの2人の娘のことを。

「実は、息子と嫁が孫たちにしていることは、何か間違っているのではないかと思っていたのです」と彼女は言います。「息子夫婦が冷たいというんじゃないのよ。でも、孫たちを心ではなく頭だけですべて育てているような気がしていたの」

孫たちは小さい頃、エリザベスと一緒に人形で遊んだり、映画を見たりして楽しんでいました。しかし、大きくなるにつれて、彼女たちはアカデミックな活動に比重が傾くようになりました。

「上の子はチェスと数学クラブに入っていて、もうひとりはチェスとビオラをやっています。去年のクリスマスに、嫁に『孫たちには人気の吸血鬼《ヴァンパイア》の本はどうかしら』と聞いたら、『多分安っぽいロマンスだから好きじゃないと思う』と言われたの。ティーンエイジャーはみんな吸血鬼《ヴァンパイア》が好きだと思ってたけど、違ったわ」とエリザベスは言います。

エリザベスは、嫁の答えにびっくりし、そして少し傷ついたことを認めました。そしてクリスマスに家族がプレゼントしてくれた本にさらにびっくりすることになりました。『さあ、才能《じぶん》に目覚めよう』です。息子は強みを重視する会社で働いており、母親は自分について新しいことを知るのは好きだろうと思ったのです。そこで彼女は、息子を喜ばせるためにクリフトン・ストレングスを受けてみました。

「やってみたら、このテストを受けるのは楽しかったし、結果はかなり自分に当てはまっていると感じました。私のトップ５の資質は、まさに自分が選んだだろうというものだったわ。〈共感性〉〈運命思考〉〈調和性〉〈親密性〉〈達成欲〉でした」

そして息子は後に、ほとんど想像した通りだったと、教えてくれたそうです。息子と嫁が予想した母親のトップ５のうち、４つは同じだったと。そして、孫たちもクリフトン・ストレングスを受けたと言うのです。彼女たちの資質はすべて、戦略的思考や物事を実行するのに役立つものでした。エリザベスは言います。

「だから、彼女たちがやっている数学や音楽やその他のことは、やりたいことなのだろうとわかったわ。やらなければならない、と感じているのではないのね。だから、私も安心できました」

〈共感性〉の才能が高いために、エリザベスは、分析的な息子の子育ての選択がよく理解できなかったのだと気づきました。しかし、ひとたびクリフトン・ストレングスの結果を見て、孫娘たちにもそれぞれの才能、興味、視点があることに気づいたら、ずっと簡単に理解できるようになったのです。

お子さんが持っている才能も、あなたとまったく同じではない可能性は高いです。エリザベスが当初そうであったように、子どもや孫があなたとそっくりで、あなたと同じことを楽しめるはずだと思い込まないようにしましょう。共通の才能があるかもしれませんし、ないかもしれません。いずれにせよ、子どもの才能は、あなたが彼らの頭や心の中を覗き込める扉を開けてくれます。そして、何が彼らを導き、やる気にさせるのか、そしてどんな活動に惹きつけられるのかを知る手がかりになるのです。

また、子どもの習いごとのため、かなり自分の時間や労力をかける親もいるでしょう。無理もありません。親は子どもにあらゆる選択肢を与えたいものです。そして、子どもはいろいろなことをやってみるからこそ、自分が好きなことは何か、そして得意なことは何かがわかるのです。

しかし、どの習いごとが、そしてどれだけの習いごとが、子どもにとってよいことなのかは、どうやったらわかるのでしょうか。スケジュールを詰め込みすぎているのか、習いごとのすべてが本当に子どもの成長に役立っているか、それとも足を引っ張っているのか、空き時間の過ごし方を自分で考えさせることは、どんなよい結果を生むのか……。それには、まずは子どもたちに「実験」、つまりさまざまな経験をやらせてみて、自分の成功につながる最善の道筋がどこにあるのかを探させることから始めるのです。もしかしたらあなたは、その道が向かう先に驚かされるかもしれません。

あなたは、お子さんにベッドの下で「藻」を栽培させるでしょうか。サラ・ボルツは「私は実験するために生まれてきたの」と言います。しかし、彼女自身まだそれがわかっていなかったときも、両親は彼女の多くの興味について理解を示し、さまざまなことに挑戦させてくれました。単語コンテスト、美術クラブ、演劇グループ、数学キャンプ。サラはいつかブロードウェイに出たいとさえ思っていました。

サラは、分析的で、生来の学ぶ力とコミュニケーション力を持っています。そんな彼女は常に、物事がどのように機能するかに惹きつけられていました。6年生のとき、彼女は初めてサイエンス・フェアに参加しました。そこで、実験が自分の本当に得意な分野であることに気づいたのです。サラにとって信じられないくらいワクワクすることに、検証可能な問いを立て、意味のある答えを見つけようと難題に取り組んだら、さらに多くの疑問を発見できるのです。「そのとき私は、未知の世界にほんの少し、足を踏み入れたと思ったの」と、彼女は言います。「それに気づいて、背筋がゾクっとしたわ」

サイエンス・フェアでの実験はやさしいものでしたが、その経験は「自分が人生を賭ける夢はこれだ」と確信した「結晶化した瞬間」となりました。研究者になりたい。それがどの方向に向かう道なのかもわからないまま、両親は彼女の情熱と才能をサポートし、場所を与えました。家に実験室を作ることを許したのです。台所や裏庭、しまいにはロフトベッドの下――これが、彼女が高校生のときに画期的な藻類バイオ燃料の実験室を作った場所でした。

そしてサラは高校生のとき、「２０１３年インテル・サイエンス・タレント・サーチ」で優勝したのです。これは、アメリカで最も歴史と権威のある高校生の科学研究コンテストのひとつです。手にした奨学金は10万ドルでした。

サラの両親は彼女の熱意を知ったときに喜び、彼女がスポーツに打ち込んでいた日々の代わりに科学をやりたいことに理解を示しました。

「両親からサポートを得られないんじゃないか、なんて疑いもしませんでした。そういうことで悩む子もいますが、うちの両親は驚くほどすばらしかった」

人は、自分が共鳴するものを見つける必要があります。それは、活動を変えることもあれば、ひとつの活動を続けることを意味する場合もあります。子どもがそれまでしていたことをやめたいと言ったとき、あなたはそうさせるべきなのでしょうか。それは、家庭によって、また子どもによって異なります。子どもが活動をやめたいと言ったときには、何が起こっているのか注意深く考えてください。子どもが活動をやめてしまう前に、なぜやめたいのか、そしてあなたはそうするべきだと思うのか、考えるのです。

ウィリアムの娘のテリーは、トップクラスの高校生水泳選手でした。水泳大会では、ほぼ常に上位に入賞。コーチの見立てでは、あと1年もすれば、彼女は学校記録を更新し、州大会に出場するはずでした。そんなある日、テリーは父親に言いました。「もう泳ぐのに疲れたので、チームをやめたい」と。父親は大変ショックでした。テリーが泳ぐ姿を見るのが大好きで、彼女をとても誇りに思っていたからです。ウィリアムは、テリーに「やめさせないぞ」と言う代わりに、なぜそのような気持ちになるのか考えてみました。コーチやチームメイトとうまくいっていないのだろうか。水泳のために、新しくできたボーイフレンドとの時間を犠牲にしているのだろうか。期待が高すぎるのだろうか。それとも、ただ燃え尽きただけなのだろうか。

そしてウィリアムには、これは一時的なもので、ただ休みたいのかもしれないとどこかでわかっていました。ですから、短絡的にくだした決断で、後悔することになってほしくありませんでした。テリーの資質のトップ5に〈責任感〉があることを知ったウィリアムは、娘にそれは彼女が決めることであること、さらには、すぐに決めなくてもいいということも伝えました。そして、自分の水泳の才能を最大限出し切らずにやめると、彼女自身が失望することになると思う、と話しました。ウィリアムには、テリーが父親や自分自身、そしてチームの期待を裏切りたくないと思っていることがわかっていたのです。そして、その対応は正解でした。テリーは水泳チームに残り、翌年には学校記録を更新したのです。

子どもたちは、才能があっても、それを本当に得意なことにするためには練習が必要だということを知らなくてはなりません。しかし、もしどんな習いごとであっても、学びがなく、熱心に取り組《エンゲージ》めず、うまくもならないのであれば、それは子どもにとってよい結果にはならないかもしれません。また、もしその習いごとそのものに才能がない、もしくは、それをするのが好きでないなら、他のことをやりたいと言う理由としては十分です。

それこそが、強みを活かした子育てのすべてなのです。自分の才能を子育てに活かし、わが子にも子ども自身の才能を活かして成長するように教える。親は誰しも、子どもに最適な環境を整えたいと思いますが、結局は子どもが自分で環境を整えなければなりません。子どもがより幸せになり、うまくいくのは、自らの才能から始めて、訓練をしたり、スキルを育てたり、知識をつけたりして、才能を強みにすることができたときなのです。

第6章 強み重視の学校を選ぶ

Strengths-Based Schools

私たちの最大の貢献は、
すべての生徒が毎日学び成長し、
生身の人間であると実感できるよう
気にかける先生が、必ずすべての教室に
いるようにしたことである。

ドナルド・O・クリフトン博士（1924―2003）
強みに基づく心理学の父

私が子どもの頃、父は州内のあちこちで講演をしていました。主に卒業式のスピーチです。私の最高の思い出のうちのいくつかは、父が私をそこへ連れて行ってくれたときのことです。父はスピーチが非常にうまく、私はいつも聴衆の反応や喝采を見て誇らしく思ったものです。父はスピーチの前には必ず、どんな話をしたらいいと思うか私に尋ねました。私はいつも、「動物の学校」の寓話を入れるといいわよと勧めました。この寓話は、１９４０年にジョージ・リーヴスが創作したものですが、父はこれに独自の工夫を加えました。こんな具合です。

＊

草原に、動物の子どもたちがいると想像してみてください。アヒル、魚、リス、ウサギ。この動物たちは、人間と同じように学校へ行きたいと考えました。そこで、大人の動物たちの助けを借りて、自分たちの学校を作りました。かけっこ、水泳、ジャンプ、木登り、飛行など、実践的なカリキュラムを組んで、すべてに優れた動物になろうとしたのです。

登校の初日、子ウサギは耳を整えると学校へぴょんぴょん跳ねて行きました。初めての授業は、かけっこでした。そこで彼はスターになりました。彼は丘の上まで走って、ありったけのスピードで戻りました。ああ、なんと気持ちのよいことでしょう。彼は呟きました。「信じられない。学校というところでは、自分の一番得意なことができるんだ」。先生は言いました。「ウサギくん、君は本当に走る才能があるね。後ろ足にすごい筋肉があるよ。訓練すれば、毎回もっと高くジャンプできるようになるよ」。ウサギはこう思いました。「ああ、僕は学校が大好きだ。好きなことができて、しかももっと上手にできる方法も学べる」と。

次の授業は水泳でした。ウサギは「ちょっと待った。ウサギは泳ぐのが嫌いなんだ。ここにはいたくない」と先生に言いました。先生は、「いまは好きじゃなくても、5年後には、やっぱりあのとき泳いでみてよかったと思うようになるよ」と答えました。でも、ウサギにはよくわかっていました。それは違う。僕は泳ぐのがやっぱり好きじゃないだろう。

木登りの授業では、木の幹が30度の角度で設定されました。すべての動物に成功のチャンスを設けるためです。ウサギは一生懸命登りましたが、あまり高くまで行けませんでした。それでも、他の動物より上手に登れました。きっと木登りは合格したでしょう。

ジャンプの授業では、ウサギは問題ありませんでした。しかし、飛行の授業は、まったくダメでした。そこで先生はテストをし、補習を受けた方がよいだろうといいました。補習では、ウサギは崖から飛び降りる練習をしなくてはいけませんでした。先生はこう言いました。飛びたいと思えば、飛べるようになる。一生懸命頑張れば、飛べるようになるのだよ。

魚にとっては、かけっこはとんでもなく難しいことでしたが、リスにとっては簡単でした。けれどリスもウサギと同じように水泳は好きではありません。うまくできないので、ウサギと一緒に水泳の授業に出ることになりました。リスは、木登りは得意でした。枝から枝へ飛び移るのなんか朝飯前で、木々の間を見事に移動しました。ジャンプも平均以上でした。飛行はリスにとって難しかったので、ウサギと同じグループになりました。

一方アヒルには、問題行動の兆候が見られ始めました。アヒルは走るときに歩幅がとれないのです。しかし大変負けず嫌いなので、遅れをとると飛んで勝とうとしたのです。しかし、教科書には「翼のある動物は、走るときに翼を使ってはいけない」と書いてあります。アヒルは遅れたら絶対に翼を使うと言ってきかないので、翼をクリップで留められました。それでイライラして、静かにするべきときにもクワーッと鳴き、「クワクワ鳴くんじゃない！」と怒られました。そうしたら、他の動物に噛みつきました。

そしてある日、アヒルとウサギは木登りで競争することになりました。ウサギに先を越されたアヒルは、前によろめいて、足についていた網を剥ぎ取りました。激痛です。彼女はそのまま木のてっぺんまで飛んでいきました。もちろんこれもまた反則です。みんなアヒルに戻ってこいと叫びましたが、彼女はそのまま飛んでいってしまいました。これで、この学校には不良のアヒルがいることが確定です。

入学して4週間目、ウサギは走る才能を開花させていました。なんてよい気分なのでしょう。先生はかけっこでのウサギの優秀さを認めていて、「今日もすばらしい走りを期待するよ」と言いました。ウサギは舞い上がりそうな気分でした。そしてこんなに楽しく勉強ができて、優秀な走りができるのに、どうしていままで草原で過ごしていたのだろう。

ウサギが水泳の授業に戻ると、先生が「さあみんな、水に飛び込むよ」と号令をかけました。「待って。待ってください」とウサギは言いました。「家で両親と話しました。うちの両親も泳ぎを習ってこなかったし、僕たちウサギは濡れるのが嫌いなんです。このコースをやめさせてください」。先生は答えました「やめることはできないよ。変更手続きの期間は終わっているんだ。だから君は飛び込むか、落第するか、どちらかだよ」

そこで、ウサギは飛び込みました。そして、パニックになりました！ ウサギはすぐに沈み、もがいてまた沈んでいきました。ぶくぶくと泡が上がりました。ウサギが溺れているのを見た先生は、彼を引き上げました。他の動物たちは、思いました。こんな面白いものは見たことがない。濡れたウサギはしっぽのないネズミみたいだと言って、彼を見て笑いました。ウサギはこれまでの人生で感じたことのないほどの屈辱を味わいました。絶望的な気持ちになり、授業から抜け出したいと思いました。授業が終わったとき、どんなに嬉しかったことでしょう。

ウサギの次の授業は木登りです。木に大股で飛びついて、自分の力を見せようとしました。けれど水泳の授業で濡れていたので、木から滑り落ちて足を痛めました。だから、その日はジャンプもうまくいきませんでした。飛行の授業では、飛び降りる予定の崖へ行きましたが、できませんでした。崖を転がり落ちて、どろどろになって家に帰りました。

帰宅したウサギは、両親に「もう学校に行きたくない」と言いました。両親ならわかってくれる、助けてくれる。「学校は好きじゃない。ただ自由になりたい」と言いました。しかし両親はこう言ったのです。「ウサギが成功するには卒業証書が必要だ」。ウサギは卒業証書なんて欲しくありませんでした。ですから両親と言い争いになりました。ベッドに寝かせられましたが、その夜はよく眠れませんでした。翌朝はベッドからなかなか起き上がれず、耳を整えることもしませんでした。

朝、学校へ向かうウサギの足取りならぬ跳ね取りは重いものでした。ところが、思い出したのです。カウンセラーが「何か問題があったら、いつでもきていいよ」と言っていたことを。そしてカウンセラーの横にある椅子に飛び乗って、「学校は嫌いだ」と伝えました。彼はカウンセラーに、「水泳の授業には出たくないし、濡れるのは嫌だ、走るのは本当に好きだ」と切々と訴えました。水泳の先生が水に飛び込まないと落第すると言った日のこと、どんなに屈辱的だったかということ、そして崖を転げ落ちてどろどろで家に帰らねばならなかったことを。

ウサギの話を聞き終わると、カウンセラーはこう言いました。「ウサギくん、君が学校を好きではないのは、水泳が嫌いだからと言ったね。でも、水泳は君が本当に改善しなければいけないことなんだよね。君は走るのがとても上手になった。だから、なぜ走ることをこれ以上練習する必要があるのか、私にはわからないな。必要なのは水泳だよね。もうかけっこの授業に行かなくてもいいように調整しておきますから、その分水泳をあと2コマやってください」

ウサギはそれを聞いた瞬間、嘔吐してしまいました。

＊

生徒の熱意

学校に行き始めたときは、子どもたちはワクワクして、これから何を学ぶのか、何ができるのか、どんなふうに輝けるのかという期待に溢れています。そして、とても熱意を持って取り組んでいて、学校にいたくてたまりません。しかし、時が経つとどうなるでしょうか。ギャラップが、３００万人以上の小中高生を対象に実施した調査では、エンゲージメント値〔学校や授業に対する熱意と関わりの度合い〕は小学校で最も高く、中学校で下降し、以降高校まで下がり続けるということがわかっています。

そして60万人の生徒を対象に最近行われた調査では、重要な結果が出ています。そのひとつは、「学校は生徒ひとりひとりの強みを伸ばすことに積極的に関わっている」という質問に強く同意し、「将来についてワクワクさせてくれる先生が少なくともひとりはいる」と答えた人は、両方の質問に強く同意しなかった人と比べて、学校に熱中する確率が30倍にもなるのです。もし学校が、学習プロセスにおいて、才能を探求することとエンゲージメントを向上させること優先事項に据えたら、どれほどの希望が出てくるでしょうか。

子どもたちは、さまざまな活動や教育の機会を持つことが大切です。なぜなら自分が何かに秀でていても、それに触れる機会がなければ、埋もれたままになってしまうからです。想像してみてください、もしショーン・ホワイトがスキー場に連れて行かれなかったら、もしテイラー・スウィフトがギターを渡されなかったら、もしイーロン・マスクがコンピュータにアクセスできなかったら――。子どもたちには、さまざまなものに触れる機会が必要です。でも、それらすべてをうまくできなくてもいいのです。

しかし、特に教育現場で顕著に見られる「万能神話」では、すべてのことをうまくやらなければなりません。あなたもあげられるでしょう、読解、スポーツ、数学、リーダーシップ、社交能力など。学校は子どもたちにすべての分野で秀でることを求めているし、期待もしています。先ほどの話のウサギにならうと、スノーボードで才能の片鱗を見せたショーン・ホワイトは、詩に集中するべきでした。テイラー・スウィフトは、音楽の才能があっても、化学に集中するべきでした。イーロン・マスクは、キーボードを脇へ押しやって、テニスにもっとたくさんの時間を費やすべきでした……。そんなこと、おかしいと思いませんか。

子どもは生活のかなりの時間を学校で過ごします。それを考えると、強みを重視する学校や教育者は、単に、あたったら嬉しい程度で済ませられるものではありません。強みを活かすアプローチをとる学校は、まず先生と生徒の強みを特定し、それを伸ばすことから始めます。学ぶ側と教える側の才能に焦点を当てて、学業面での成功につながるような教室でのディスカッションや教育戦略や学習戦略を作るのです。

子どもたちが学校や学習プロセスにどれだけ熱中しているかが、学力に直接及ぼすことを示す、説得力のある証拠もあります。８つの州で実施された７万８１０６人の生徒を対象にした調査の結果、驚く結果が判明しました。生徒のエンゲージメントが１ポイント上昇すると、国語の読解の成績が６ポイント、数学の成績が８ポイント上がったのです。

学校選びという課題

子どもが学校に上がるとき、それは幼稚園でも、高校、大学でも構いませんが、あなたが望むことは何でしょうか。もちろん、よい成績を収めて、いろいろな活動に積極的に参加して、学校から提供されているものすべてにおいて優秀であってほしいと思うでしょう。しかし、あなたがお子さんを学校に行かせる本当の目的は、すべての親が究極的に子どもに望むこと、つまり、よりよい人生を送ることです。生き生きとした大人になり、ウェルビーイングが高く、そして自分にとって意味のある仕事に熱中して働いていてほしい、そのためなのです。

子どもに合った学校を探す際に、親はまず「すべての学校」を候補に入れ、最終的には「本当にぴったりな学校」が見つかることを願います。その際よく、私立がよいのか公立がよいのか、という質問を受けます。特定の価値観を身につけるには、私立やホームスクールの方がよいかもしれません。たとえば、公立学校は宗教を広めるための活動が禁止されています。また、ホームスクールでは、あなたが特に大事だと思っていることを子どもたちに教えられます。

しかし、子どもが明るい未来へ向かう道筋を提供してくれる高校、中学校、小学校、幼稚園を選びたいなら、最も重要なのは、公立か私立か、規模が大きいか小さいかではなく、子どもの長期的なエンゲージメントとウェルビーイングです。加えて教師、メンター、学校の経営陣、プロジェクト、長期休みのインターンシップ、課外活動なども、学校選びの判断において重要でしょう。

先生は子どもの成長に大きな役割を果たしますが、必ずしも選べるものではありません。

それならまだ、子どもが通う学校そのものの方が、選べる自由があると言えるでしょう。また、数年間同じ学校に通うので、すばらしい先生が複数名いる学校を見つけることも大切です。それらに加えて、学校の経営陣、プログラム、エンゲージメントのレベル、そして学業成績の測定値なども考慮に入れましょう。

どうやったら子どもにぴったりな学校が見つかるのか。それには、情報をたくさん収集して精査することです。

●まずは、その学校に子どもを通わせている他の保護者と話すことから始めます。その人の教師評について聞いてみましょう。何人の教師をすばらしいと言っているでしょうか。もしくは、その学校にはすばらしい教師が複数名いるという評判はありますか。

●その学校の生徒や保護者に、教師に関する具体的な情報を求めましょう。特に、次のようなポイントがカギとなります。

—教師は子どもたちひとりひとりへ個別に目を配っているか

—生徒のニーズに敏感な教師はいるか

—生徒や保護者とよい関係を築き、よく話題にのぼる教師がいるか

―メールや個別のメモ等で保護者と定期的に連絡を取る教師はいるか

●校長についても聞いてみましょう。ギャラップの調査によれば、子どもの学習経験にとって校長が非常に重要な存在であることがわかっています。２０１３年のギャラップのレポートによると、優れた校長には次のような特徴があります。

―高い期待を掲げ、学校の目標を設定し、学校のビジョンを示している
―教師たちのために一生懸命働き、イノベーションを奨励する
―クラスに積極的に足を運び、教師たちが強みを発揮できるように支援し、教師をひとりの人間として扱う
―生徒と一緒にいるのが好きで、生徒から好かれている。生徒にとって何が最善かを理解しており、判断基準はそれに基づいている
―成功を祝福する機会を大事にし、教師にも機会があれば祝うことを奨励している。成功を認めることが、パフォーマンスと学校の改善につながると信じている
―将来に対して明るい見通しを持っており、問題をチャンスととらえ、ネガティブな経験も成功につながると信じている
―保護者を学校の一員であるととらえて歓迎し、保護者が教師をサポートしたくなる

ように感化する。そして、保護者と教師が、生徒にとって正しいことに集中できるよう支援する

●加えて、学校全般と学校が、地域社会にどう溶け込んでいるか調べましょう。

—教師、生徒のエンゲージメント値が高い学校か。多くの学校は、地区のウェブサイトで結果を公開しているのでそれを参考に

—お子さんが好きなアート、音楽、スポーツなどの特別プログラムはあるか。学校は、その特別なプログラムで認められたことはあるか

—学校には、保護者が関われるような方法があるか。学校によっては、新しいプログラムについて保護者に説明するための夜間や週末の会合があり、保護者が学校に歓迎されていると感じられるように、定期的な交流行事を開催するところもある

—学校のホームページで、学業成績の推移を確認すると好調、または改善していることがわかる

—学校は、生徒が参加し、活躍するためのさまざまな方法を推進し、提供しているか

—学校には課外活動がたくさんあるか

—長期プロジェクトやインターンシップに取り組む機会はあるか

幼稚園から高校まで、どの教育機関においても、教師、学校の経営陣、プログラム、エンゲージメントのレベル、全国的な学力テスト等の結果などが重要です。また、子どもが高校を卒業してからのことも考えるなら、その他にも気にするべき要素はあります。３万人以上のアメリカの大学卒業生へのインタビューを含む、ギャラップ・パーデュー・インデックス・レポートからは、重要なことがわかっています。就職後の長期的な職場へのエンゲージメントと個人のウェルビーイングのためには、大学生活において、経験に基づいた深い学びと感情的なサポートに関連する、次の６つの要素が重要です。卒業後に仕事にエンゲージし、ウェルビーイングのすべての要素で生き生きする確率は、次の場合に高くなります。

1　教室での学びを活かせるようなインターンシップや仕事をした

2　在学中、課外活動や団体に積極的に参加した

3　完成まで一学期以上かかるようなプロジェクトに取り組んだ

4　学ぶ喜びをかき立ててくれた教授が少なくともひとりいた

5　自分をひとりの人として気づかってくれた教授がいた
6　目標や夢を追求するように後押ししてくれたメンターがいた

教える才能のある先生を探したい

大人になっても、恩師のことはよく覚えています。自分が学べると思った以上のことを教えてくれたり、自分ではそこにあることさえ知らなかった扉を開いてくれたりした先生。私は、子ども発達センターの先生たちだけでなく、全国の学校の教師や管理職を観察したり、一緒に働いたりする機会に恵まれました。ですから、このような専門家がもたらす違いを目の当たりにしてきたと言えます。よい学校が子どもたちのためにできることは多いですが、よい教師ができることはもっと多いのです。

よい教師は、長期間にわたって子どもたちによい影響を及ぼし続けます。それは、親が思っているよりも、かなり先までです。最近の研究で分かったことですが、優れた教師ができることは、生徒のテストの点数を上げるだけではないのです。やがて卒業した生徒たちは、大学に進学し、平均より高い収入を得る可能性が高くなります。一方、10代で妊娠する可能性は、低くなることもわかっています。

２０１２年にアメリカで実施された教育関連団体ファイ・デルタ・カッパとギャラップの世論調査〔公立の幼稚園から高校までの学校に関する調査〕で「あなたの人生に最もポジティブな影響を与えた先生を思い浮かべてみてください。その先生について考えてみて、その先生がどのように貢献したのかを最もよく表す単語やフレーズを3つ教えてください」という質問に対し、最も多かった3つの回答は、「思いやり」「後押し」「気にかけてくれた／自分を信じてくれた」でした。大人が過去に出会った自分の最高の先生をどのように思い出したかは、親として子どもの先生に求めるべきことでもあるのです。

思いやりを持って子どもを気にかける先生を望む一方で、優秀な、教える才能のある先生を探すことも重要です。学校を訪問すると、最新のテクノロジーや最新の教室はすぐにわかりますが、教師の効果や才能はなかなかわかりません。優秀な教師は、生徒に現れる才能を見抜き、後押しする生来の能力を持っています。ギャラップの調査によると、優れた才能を持つ教師は、学校見学ではわからない可能性がある3つの重要な資質を備えていることがわかりました。

- 生徒が成果を出すのを見届けたいという強い動機がある
- 生徒と親しい関係を築き、それを軸にした学習環境を整えている
- 革新的で個性的でありながら、秩序あるクラスの体制づくりに取り組んでいる

学校は優秀な教師のどこを見ているのでしょうか。教育長を対象に行った、２０１４年のギャラップとエデュケーションウィークの世論調査によると、教師のパフォーマンスを評価する際に重視することは以下のとおりです。

- ほぼすべての教育長が非常に重要な要素であると回答しているのは、「全体的な教育効果」（96％）と「生徒のエンゲージメントのレベル」（94％）の項目
- 約10人に8人の教育長が（79％）、「校長からのフィードバック」と「生徒の学習成長」（78％）が非常に重要な要素であると答え、30％が「他の教育者からのフィードバック」が非常に重要であると回答した
- 「生徒のテストの点数」（16％）や「教壇に立った経験年数」（6％）を非常に重要な要素だと言う人はほとんどいなかった

生徒、保護者、教育長が教師に求める資質はそれぞれ異なるかもしれません。しかし、大人の記憶に残っている最高の教師と、教育長が評価する最高の教師は、どちらも生徒の成長、学習、発達を助ける教師であることが特徴です。

保護者が求めるのは熱意を持って関わる先生

マリアは小学生の娘2人のために新しい学校を探していました。彼女の子どもたちがこれまで通っていたのは、通学区の学校1校と、異なる公立学校3校です。マリアは、〈戦略性〉〈収集心〉〈活発性〉の才能を活かして、子どもたちにとって最善の環境を探しました。彼女はすべての選択肢を検討し、ありったけの情報を集めました。そして、気に入った学校が見つかり、飛んでいきました。

「すぐにわかりました。ここだわって」とマリアは言いました。「校門を一歩くぐったら、ポジティブなエネルギーが満ちているのを感じました。それに、校長のゴメス博士がすぐに会ってくれました。校長先生は、私がくることを知っていたのではないのに。しかも生徒と話していたところを、すぐにこちらに近寄ってきて自己紹介してくれました」

　マリアはすぐに質問に入りました。この学校のエンゲージメントや強み、全国試験のことや教員組合の問題をどう扱うか。さらに、子どもの送迎の際の駐車に関する校長先生の哲学についてまでも。そしてマリアは、校長先生の話を大いに気に入ったのです。

「校長先生は、ただ先生と生徒がすべてという感じの人でした。子どもたちが学ぶこと、そして先生たちがやっていることにとても前向きで好意的にとらえていたのです。それだけでなく、すべての先生が何をしているのか、具体的に知っているようでした」とマリアは言います。「そこで私は、娘たちのことについてもすべて話し、次女を次の年に入学させることにしました。長女も、キャンセル待ちのリストに入れました。そして、自分もあの人の下で働きたいと思いながら、運転して家に帰ったのです」

　しかし、マリアは娘が次の学年になったときの先生に不満を感じました。「2年生の先生としては、シルバー先生はかなり厳格です。いえ、キツすぎた。うちの子は陽気で、おっちょこちょいで、感情豊かです。この先生は娘を潰してしまうのではないかと思い、すぐにゴメス先生のところに直行しました」

　校長はマリアの話をきちんと最後まで聞きましたが、マリアの娘をシルバー先生のクラスから変えませんでした。その代わり、待つように言いました。「ゴメス先生は、もう少し待って、娘をよく見ておくようにとおっしゃいました。学期の終わりに私がまだ希望するなら、他の先生のクラスに替えますが、いまはしません、と」

そのためマリアは最悪の事態を恐れながら、娘を見守っていました。娘が萎縮し、悲しい思いをして、勉強に差し障りがあるのではないかと心配しながら。しかし、そうはなりませんでした。代わりに娘はとても成長したのです。

「少しおっちょこちょいなところがなくなりました。何よりも、シルバー先生のこと、自分が学んでいることを、ずっとしゃべり続けました。娘は自主的に宿題を考え出しさえしたんですよ。それをシルバー先生のところに持っていったら、先生は、それを真剣に扱ってくれたのです」とマリアは言いました。

「最終的にわかったのは、娘が先生に自分を誇らしく思ってもらおうと努力しているのか、シルバー先生が娘を誇らしい気持ちにさせているのか、どちらかということ。先生の何かが、娘を成功したい気持ちにさせたのです。最初はわからなかったけれど、よい相乗効果があったのです。校長先生は正解でした」

校長先生が知っていてマリアが知らなかったのは、シルバー先生は生徒ひとりひとりの個性に気づき、後押しする才能の持ち主だということでした。彼女は、どの子ともすぐに心を通わせ、その子のモチベーションは何か、どうすれば一番よく学べるのか、興味があることは何かを見つけます。それはまさしく、親が子どもの先生に望む特質です。エンゲージしていて、生徒をエンゲージさせる、つまり先生自身が熱意を持って関わり、生徒の熱意に火をつけ関わらせる。テストのためだけでなく、現実のために教科書を学ばせる。そして子どもたちの才能を強みに伸ばすサポートをしてくれる先生です。

保護者と教師のパートナーシップ

担任の先生が誰であれ、その先生とパートナーシップを育みましょう。このパートナーシップが特に大事になるのは、子どもと担任の先生がうまくいっていない場合です。そのようなときこそ、親は自分の強みを活かして子どもを擁護する必要があります。

先生と話し合う機会を設け、質問をし、注意深く話を聞く。そのために自分の才能と強みを活かすのです。たとえば、〈収集心〉の資質が高いなら、調べて、そこから関連する事実、データ、アイデアを面談に持っていきましょう。〈指令性〉の資質が高いなら、織細な問題についても、率直に直接話して障害を取り除き、議論を前に進めましょう。〈調和性〉の資質が高いなら、合理的なことに焦点を当てて合意点を探し、必要であれば、人の怒りを鎮めましょう。しかし、心に留めておいて欲しいのは、一番の難関は教育システムの多くに浸透している「欠点重視」の考え方かもしれないということです。教師にはしばしば「できないところ」を改善する責任があります。けれども、子どもの担任は、苦手なことを克服するだけではなく、それ以上のことをしたがっているのだとみなしましょう。

そのうえで、先生に子どもの行動の理由を説明するのです。〈人間関係〉の資質が強い子がいつもおしゃべりをしているのは、退屈だからとか言うことをききたくないからではなく、心理的に誰かとつながらずにはいられないのです。少人数の学習グループで学び、グループでのプロジェクトに参加すると生き生きと成功するでしょう。また、〈目標志向〉の資質の強い子に、作業の途中で違うことをさせるのは難しいかもしれません。それは、彼らが頑固だからではありません。完成する前に中断するのは耐え難いからなのです。〈オーガナイザー〉〔後述〕の資質を持つ子は、「知らされていない」と感じると、気持ちが落ち着かなくなります。私の友人のカリンのところに、イライラした娘さんの担任の先生から電話がありました。娘さんが毎日先生の授業計画を読みたいと主張したからです。

カリンは、「娘は先生を後ろから見張ろうとしているのではありません。まだ小さな子が、自分が大人から何を求められているかを知りたいだけなのです。そうすれば自分の持ち物や時間割、期待値を整理して準備できるから」と説明しなければなりませんでした。毎日、その日の予定を知ることができれば、彼女はずっと安心できるのです。

子どもの心理的な動機を先生に説明することで、先生は子どもを理解することができます。先生は子どもをやる気にさせたいものです。その方が、よりよい指導ができるからです。子どものモチベーションを知ることは、学習の非常に重要な側面なのです。

ポー・ブロンソンとアシュリー・メリーマンは、著書『間違いだらけの子育て――子育ての常識を変える10の最新ルール』の中で、シルヴィア・ブンゲの研究を取り上げて、なぜ個人のモチベーションを理解する必要があるのか指摘しています。

ブンゲいわく「モチベーションは極めて重要である。モチベーションは、脳内でドーパミンの放出として経験される。ドーパミンは、シナプスに放出される他の神経伝達物質と違い、脳の広い範囲に散布され、ニューロンのシグナル伝達を強化する。……やる気のある脳は、文字通り、より機能し、より速く信号を送る。子どもたちはやる気があると、より多くのことを学ぶ」

子どもたちは、苦戦する分野もあるでしょう。しかし、子どもは弱みにうまく対処するための才能を持っていて、学習の足を引っ張らないようにすることができる、と思ってください。たとえば、アンソニーとカミルのエピソードを思い出してもらえるでしょうか。アンソニーとカミルは最終的に、娘は整理整頓が苦手だけれども、彼女のルーティンを重視する傾向は物の管理に役に立つと気づきました。もちろん親は、生まれてからずっと彼女を知っているわけですが、このことに気づくには何年もかかったのです。

先生には、生徒を知ることにかけては親のように優利な立場にはいません。しかし、発達と学習の基礎について長い時間をかけて勉強してきていますから、その点が強みだといえるでしょう。ですから、お子さんの先生とパートナーになってください。そして、あなたの洞察や観察したことを率直に先生に伝えるのです。そのうえで、先生の観察にも客観的に耳を傾けましょう。

多くの学校は、優秀な教師を採用し、育て、教師や生徒ひとりひとりの強みを特定し、子どもたちが熱心かつ主体的に勉強に取り組む、つまりエンゲージした学習環境を作っています。そのような学校では、生徒や先生のトップ5の資質を印刷したカードが教室のドアに貼られているのをよく見かけます。それを見るたびに、強みを基盤とした学校はすばらしい環境になり得ると感じます。先生が自分の強みを生徒にとって最善となることにどのように活かしたらいいか把握しているだけでなく、保護者も先生の強みを知っていれば、教室での動きについていたくさんの洞察を得られます。また、保護者と先生がより早く、より楽に、成長を促すパートナーシップを築くこともできるのです。

親の思いは山だって動かす

少し前の世代までなら、親がこのように長い時間や手間をかけてまで、子どもを特定の学校や先生のもとで学ばせようとする必要はありませんでした。しかし時代は移ろい、これからも変わっていく可能性があります。とはいえ変わらないこともあります。そのひとつは、子どもたちが学ぶことへのニーズ。それから、学んだことの活かし方を知ることへのニーズです。それは、すべての子どもが同じ道を歩むという意味ではありません。しかし、自分の人生で生産的な活動をしていくために成長しなければならないという点は、すべての子どもに共通しています。

ところで、あなたのお子さんが通う学校は、強みを重視した教育をしているでしょうか。

もしそうでないのなら、あなたの強みを活かした子育てはより重要になります。メル・レヴィーン博士は著書『準備はできているか』（未訳）の中で、「学校は一般的なコンピテンシー（能力）の多くを教える際に、親のサポートありきで進めることがある。母親や父親は、子どもが、特に情熱や専門性、さらにキャリアにつながげられる隠れた才能を見つけるよう導かなければならない」と述べています。

　もし、お子さんの学校が、その子にとって正しいことやうまくできることよりも、問題点やできないことに重点を置いているのであれば、あなたが少し主導権をとらなければならないでしょう。もし、担任の先生が、子どもの強みを理解しない、サポートしない、または弱みを操縦する助けをしないのであれば、あなたの考えを共有してください。親は、先生よりも圧倒的に子どもひとりを唯一無二の才能のある存在として見れるのです。親はその才能の保護者でもあり、才能を大いに尊重して伸ばせるようにサポートしなければなりません。子どもの問題点や、パフォーマンスが低い分野にまったく時間を費やさないように抗うのは難しいかもしれません。けれど、よりあなたのエネルギーを注ぐべきなのは、子どもの強みを活かした道筋を開くために必要な調整です。そうすることで、子どもは熱心に学習に取り組むようになり、将来的にはウェルビーイングもより高まるでしょう。

お子さんが通っているのがどこの学校であろうと、親は教育を引っ張る原動力になり得ます。元校長のナンシーは、こう語ります。

「親には多くの力があります。親は気づいていないことが多いのですが、学校からすれば親は顧客であり、子どもの教育を厳密に言えば買っていて、それゆえに子どもの最も得意なことに重点的に取り組むためのパートナーなのです。賢明な保護者のロビー活動は、優れた校長のドリームチームとなるのです。学校を正しい方向に動かし、意味のある目標を再設定することができます。ですからもし、先生が子どもの強みに基づいて導いてくれないなら、親はそのことについて尋ねる必要があります。親が関わり、ポジティブであり続けることで、子どもの潜在能力はより高いレベルに到達しやすくなるのです」

親は子どものためなら、山だって動かせます。そして優れた先生、校長、スクールリーダーは、若者の強みを育みます。彼らは子どもたちの希望や夢を発掘し、教育目標に紡いでいきます。ナンシーが言ったように、「親にはとても力がある」のです。それを忘れずに、あなたの強みを活かして山でも何でも動かしてください。そうすれば学校は、学習プロセスにおいて子どもの才能を探究し、熱意《エンゲージ》を高めるという原則を優先させるでしょう。

子育ての真髄は子どもに道筋をつけてやることではない。
むしろ、必ず歩まねばならない道を前に子どもに準備をさせることだ。

ウェイン・ハモンド博士
レジリエンシー・イニシアティブ CEO

第7章

信じる・支える・感謝する

Belief, Support, Appreciation

世間はあなたに、いろいろなことを言ってプレッシャーを与えるでしょう。

こういったライフスタイルにするべきだとか、あなたとは違う子育てメソッドを実践した人を見習わなくてはいけないとか、しかもすぐにやるべきだ、さもなければ子どもは失敗するとか。そして、子どもも、親も、均整の取れた、何でもうまくできる人になることが求められます。

しかし、人の才能や強みは、それぞれ違うのです。子どもを持つ知人を思い浮かべてみてください。試合を応援しているお母さん、ＰＴＡの会合にいるお父さん、子育て中の職場の同僚、近所の人、親友。その人たちの中で、遠足などのイベントを企画するのが好きな人はいますか。グループの集まりで積極的に発言するのが好きなのはどの人ですか。恐れずに難しい話題をあげられるのは誰でしょう。大人たちの間で調和を生み出す人や、子どもたちの間で調和を生み出す人もいるでしょう。そう、あなたはこれらすべての役割を担う必要はないのです。つまり、あなたはすべてに秀でた均整の取れた親である必要はありません。もちろん、均整の取れた子どもを持つ必要もありません。

しかし、知らなくてはならないことがあります。自分の才能や強みを最大限に活かす方法です。子どもの個性の価値に感謝し、支え、伸ばす。そのために、親である自分の生来の特性を活かして、子どもを後押しする方法を知らなければなりません。

強みを軸にした人生とは？

テレルは、勉強がよくできましたが、特に数学が得意でした。両親は、その能力を育てようとできる限りの後押しをしました。父親は自分の古い簿記の教科書を譲りましたし、母親は最新の電卓を買ったり、学用品店から問題集を取り寄せたりしました。

とはいえ、テレルの数学好きは、彼が「本当に幸せだった」と語る子ども時代の一面でしかありません。スポーツや音楽も楽しんでいましたし、毎週日曜日には祖母に会いに行きました。父や叔父、いとこたちと釣りにも行きました。芝生の手入れ、友情、仕事なども学びました。一般的なアメリカの少年たちが学ぶことすべてです。

「そんなにお金はなかったけど、すばらしい子ども時代でした。時にはぶつかることもあったけど、いつもみんなで支え合う家庭だった」

しかし、テレルが14歳の感謝祭の日のことでした。父親が亡くなりました。

突然、母親はシングルマザーになったのです。経済的にも精神的にも、家族を支えるためのすべての負担が彼女にのしかかりました。彼女はもっと強くなり、そして自分の内面に強さも見いださなければなりませんでした。それは、誰にとっても簡単なことではありません。

テレルの母親は、学校に通い、仕事に就きました。彼女は医療への情熱を持っており、看護師になることが家族を経済的に支えるために最善の方法であり、同時に自分の得意なことでもあると気づいたのです。「母は、いくつかの州や国の看護協会の会長になりました。そして共同で僕たちの故郷の教員組合を創設しました」とテレルは言いました。「母は私に教育の大切さと、価値があると思う試みには関わることの大切さを教えてくれました。たとえそれが母にとって多くの出張や仕事を伴うものであったとしてもです。母は、何事もただ横で見ているだけではいけないと信じていました」

さらに、見ているだけではいけないという信条により、母親はテレルを数学、英語、作文の上級クラスに入れるよう働きかけました。ピアノ、ドラム、トランペットのレッスンも受けさせました。スポーツの試合はいつも観戦したし、テレルがチームを牽引した日には、謙虚であることと、チャンスに感謝することを話して聞かせました。そして彼女はテレルと彼の友人を応援し、何より彼がちゃんと勉強することを信じていました。

「宿題はやったの、としつこく聞かれた記憶がありません。母は僕が宿題をすると信じていたのです。そしてもちろん、僕はそうしていました」。

やがてテレルは成長し、大学に進学し、就職して家庭を持ちました。そして、自分が築き上げた人生を振り返ったときに、両親の影響があることがはっきりわかると言います。

「僕の子どもたちは十分な教育を受けて、自分自身の学歴、キャリア、家族に誇りを持っています」とテレルは言う。「でも、一緒にいるときは、いつも食卓を囲んで話をするんですよ。僕が子どもの頃のように」

もし、夫が突然亡くなることがなければ。もし、母親の仕事が出張やさらなる勉強を必要とするものでなかったなら。もし、息子が望んだ課外活動が時間のかかるものでなかったら。もし、学校に息子の教育を任せ、教員組合や看護師協会のことは他人に任せていたら――。そうしたら、テレルの母親はもっと楽に人生を歩めたかもしれません。

しかし、彼女には、それに関わらずにはいられない才能がありました。それも、世の中をもっとよくするために。彼女は、自分の情熱を軸にして人生を歩みました。それによって、ロールモデルとなっただけでなく、テレルが自分の興味や強みから成長するのを助けました。

彼女がしたことには、膨大なエネルギーと意志が必要です。でも、彼女にとっては「ただ見ているだけ」よりも、その方が簡単だったのでしょう。私はテレルと彼の母親を尊敬しています。彼の母親が、自分の才能と強みを活かした人生を送り、息子にもそうするように後押しして本当によかったと思います。彼女にとっても、息子にとっても、地域社会にとってもよかったのです。

テレルの母親のように、自分の才能や強みを活かして世の中をよくしている人はたくさんいます。時には、世の中の小さな、家族ほどの単位をよりよくしています。そして、時には、世界規模でよりよくし、私たちみんながその恩恵を受けている場合もあるでしょう。なんであっても、充実した人生とは、強みを軸に生きた人生なのです。

未来をつくる

最近話したイザベラという女性は、結婚2年目で、子どもを持つことを考えていました。しかし、イザベラは不安に陥っていました。生まれてもいない子どもに起こるかもしれない、ありとりあらゆる問題。そして何より自分がきちんとした親になれるのか。私は「大丈夫よ」と彼女の不安を一蹴しそうになりました。彼女は優秀な30歳で、好きな仕事に就き、大好きな夫がいて、子育てをするのにぴったりな家もあるのです。しかし、その言葉を飲み込んだ私は、代わりにこう聞きました。

「何を恐れているの？」

　彼女は語り始めました。小さな頃のこと、両親のこと、兄弟のこと、里親のこと、そして彼女が育った荒んだ環境のこと――。彼女のそばにいるべきだったのに、いなかった人のこと。彼女がなぜそんなに子育てに不安を感じているのか、だんだんわかってきました。イザベラは、自分はラッキーだったと思っていました。ドラッグと虐待の世界から脱出できたからです。しかし、彼女の異母兄弟や異母姉妹たちはできませんでした。思慮深い彼女は、わが子をこの世に生み出すことに対して責任を持ちたかったのです。

　そこで、私はこう質問しました。「あなたはどうやってそこからいまの場所にたどり着いたの？」イザベラは即答しました。「おばあちゃんです。いつも私のためにいてくれて、週末はよく一緒に過ごしました。おばあちゃんは私を信じてくれた。私らしさが何かとか、どうすれば自分の道を見つけられるかとか、私を支えて、自分の価値観や信念はこれだと見つけるのを助けてくれたんです」

イザベラは、祖母が自分をひとりの人間として大切に受け入れてくれているといつも感じていました。祖母と一緒にいると、ストレスはありませんでした。自分を大切にしてくれる人と一緒にいられる、その心地よさを実感できていたのです。

子どもが、「自分が誰かにとって特別な存在である」と知ることは、レジリエンスを高めます。一般的には、親や祖父母、先生などが、自分が大切で唯一無二の存在であることをわからせてくれる大人でしょう。イザベラにとって、それは祖母でした。その関係があったから、イザベラは忍耐強くなり、そのうえしなやか《レジリエント》になりました。そのレジリエンスによって、彼女は困難な生い立ちに負けずに、自分で選んだ人生を歩めるような人に成長したのです。

彼女が親になることを心配していたのは、子育てにおいてお手本になる人があまりにも少なかったからです。しかし、彼女にはひとりだけいました。それが祖母です。そのたったひとりの人が、イザベラに教えてくれたのは、自分には価値があり、能力があり、そして強みがあるということでした。それこそまさに、イザベラが子どもの頃に知るべきことだったのです。そして何より、イザベラが子どもを持つ前に知っておくべきことなのです。

私はそれを率直に彼女に言いました。そしてこうも伝えました。彼女はすてきな人で、きっとよい親になれる。才能と強みがあり、学生として、妻として、社会人として、すでにそれを発揮してきた。だから同じ強みを親としても使うことができる、と。

大小の差はあれど、人はみな、違った条件や環境で育ちます。ですから、すべての親と子どもに当てはまるような、「充実した人生を歩むために万能な処方箋」などありません。しかし、自分の才能と、子どもならではの才能を理解すれば、自分らしい子育てや子どもにピッタリな、そして自分たち家族だからこその道筋へあなたたちを導いてくれるでしょう。

世界を見渡せば、人よりもよい暮らしをしたり、より健康的で幸せな生活を送っていたりする人たちはたくさんいます。彼らがその暮らしを手に入れたのは、自分の中にある、他の人にはないユニークさに誰かが気づいてくれたからです。自分にとって自然にできること、それに力を注いだ方がうまくいくと、誰かが教えてくれたのです。

親は、そんな「誰か」のひとりであるべきです。親としての私たちの仕事は、子どもが生まれつき持っているものを育てていくことです。探偵になったつもりで、わが子らしさは何か、そしてこれからどうなっていくのかを見つけましょう。コーチになって、子どもの強みを活かし、弱みを操縦する道筋をつけましょう。親として、私たちは強い家庭を築くための道具と知識を手に入れるのです。自分の才能を自覚して、強みへと伸ばせる子どもたちを育てる。そうすれば、私たちはよりよい未来をつくっていくことができるのです。

付録　強みを活かした子育てのカギ

1

まず自分自身の才能を知り、理解し、
どのようにしたらその強みを子どもや家族のために
一番よい形で活かせるか考える

2

子どもの才能に気づき、
その才能を強みに伸ばすためのサポートをする

The Key to Strengths-Based Parenting

強みの言語

親として、あなたは子どもを理解し、子どもと意思の疎通を図ろうと努力します。その際、心が通うときもあれば、誤解が生じてやり直さなければならないときもあるでしょう。同じ単語を使っているようで、あなたとお子さんとで別の意味を持っているときもあります。しかし、もし親子の共通言語があれば、コミュニケーションは進み、お互いの理解も深まるでしょう。「強みの言語」は、あなたやお子さんを「すばらしくユニークにしているもの」を定義しています。それにより、あなたの才能と子どもの才能がはっきりするので、よりよく理解し合うのを助けます。

人にはそれぞれ、その人ならではの一連の才能があります。そのため、生まれたときから自分特有のフィルター、またはレンズを通して世界を見ているのです。文化、生い立ち、数世帯や数世代から成る拡大家族、教育、目にしたもの、読んだもの、仕事や人生における経験、旅行、友人、仲間などが、その人の認知に影響を与えます。そして、人は自分が目にしたもの、耳にしたものに対して、その人独自のレンズを通して判断をくだすのです。たとえば、ある人のレンズを通した場合の判断は次のようになります。

- ●思いやりのある行為はよいこと、に分類されるだろう
- ●授業中に冗談を言うのは悪いこと、に分類されるだろう
- ●未来について考えることは役立つこと、に分類されるだろう
- ●野球の試合に負けてイライラするのは、大袈裟だろう

しかし同じ状況でも、他の人の独自のレンズを通せば、「授業中に冗談を言うのは社交的な才能だ」、「試合に負けてイライラするのは競争心が見せる自然な一面だ」と言うかもしれません。誰もが、独自の世界の見方をしています。

さまざまな才能資質〔以下、資質〕を知り、自分の才能についてわかり始めると、子どもの才能についても気づいたり、認識できたりするようになります。ここからは、強みの言語を使って、自分の才能と子どもの才能を特定し、さらに詳しく知ることができるようになっています。各パートには、あなたとお子さんのために役立つ情報と、アクション項目が含まれています。自分自身の才能と強みについて知るには、「クリフトン・ストレングス」のパートを参照してください。

次に、お子さんの年齢や成熟度合いに応じたパートを参照してください。

付録1　クリフトン・ストレングス

- 推奨される年齢：親と15歳以上の子ども
- アセスメント：クリフトン・ストレングス（アセスメントを受けるためのアクセスコードが巻末にあります）
- 34の資質

付録2　ストレングス・スポッティング

- 推奨される年齢：10歳未満の子ども
- アセスメント：なし。書籍の内容を参照
- 10の資質

付録3　クリフトン・ユース・ストレングス・エクスプローラー

- 推奨される年齢レベル：10歳～14歳の子ども

- **アセスメント：クリフトン・ユース・ストレングス・エクスプローラー（英語版のみ）**
- **10の資質（ストレングス・スポッティングと同じ）**

クリフトン・ストレングスのアセスメントを受けて、自分の才能を知った人は、よく「これは発見であり、同時にすでに知っていたことでもある」と言います。同じように、あなたのお子さんの才能の多くはよく思い当たるものでしょう。しかし、なかには驚くようなものもあるかもしれません。確実に予想できたはずの才能が、まったく新しい光に照らされて現れる可能性も十分あります。

自分やわが子の才能を特定することは、重要な第一段階です。次に、その才能を強みに育てるためには、訓練したり、スキルを身につけたり、知識を増やしたり、そのために時間を費やすなどの、投資が必要になってきます。あなたとお子さんがこれらの才能について考え、理解すればするほど、それを強みに伸ばすチャンスがわかるようになります。そして才能を強みに伸ばし、行動に移せば移すほど、あなたとお子さんはより幸せに、そしてよりエネルギーが湧いてくるようになるのです。

付録1

クリフトン・ストレングス

誰もが自分にしかない才能に、知識やスキルをかけ合わせたものを持っています。それを、強みと呼びます。誰もが毎日、仕事をし、目標を達成し、人と付き合うために強みを使っています。ギャラップの調査によってわかったことは、自分の強みをきちんと理解して意識的に活かせるようになると、人生が一変する、ということです。

日頃から強みを使っている人は、強みを使っていない人と比べて、**仕事に対するエンゲージ、つまり熱意を持って関わる確率が6倍になり、生活の質（QOL）が「すばらしい」と回答する率が3倍にもなる**のです。

しかし、多くの人は自分の才能についてよくわからないままです。それを強みにまで伸ばす機会もあまりありません。実際、多くの人が人生を通して一生懸命になっているのは、自分の弱みを直すことでしょう。クリフトン・ストレングスは、自分の才能を特定し、それを強みへと伸ばすためのオンラインアセスメントです。このアセスメントでは、34の資質のうち、あなたの強いものが特定されます。資質とは、あなたの強みにつながる可能性がある才能の集合体です。あなたが自然に考え、感じ、行動することのパターンを探り、あなたが成長し、成功する無限の可能性がある要素を見つけ出すのです。

２００１年、ギャラップは『さあ、才能に目覚めよう』という著書の中で、オリジナルのクリフトン・ストレングス・ファインダーのアセスメントを紹介しました。この本の著者で、アセスメントの開発者は、ドナルド・Ｏ・クリフトン博士（１９２４～２００３年）で、アメリカ心理学会から「強みに基づく心理学の父」と呼ばれています。そして２００７年、ギャラップは『さあ、才能に目覚めよう新版　ストレングス・ファインダー２・０』を出版し、この人気の高いアセスメントの新しいバージョンとアップグレード版を発表しました。

クリフトン・ストレングスは、人々が優れた成果を上げ、自分の強みを活かして導くことのよさに気づくよう、数十年にわたって支援してきました。アセスメントを受けたのは、トップ企業の経営者や管理職から営業職、看護師、教師、学生、牧師など、さまざまな業種に及びます。加えて、ギャラップは、強みを活かした能力開発について、さまざまな役割別にたくさんの書籍を出版しています。これらの書籍はすべて、クリフトン・ストレングスを強みの発見と個人的な成長の基盤に使うことを提案しています。

クリフトン・ストレングスは、クリフトン博士の50年以上にわたる生涯をかけた研究の集大成であり、その結果として、世界中で１２００万人〔２０２２年２８００万人〕以上の人々が自分の強みに目覚めています。

クリフトン・ストレングスについて

推奨年齢：親と15歳以上の子ども

本書には、巻末の綴じ込みに、クリフトン・ストレングスのアセスメントを受けるためのアクセスコードがついています。アセスメントを受けると、あなたの才能に関連する上位5資質（トップ5）のレポートが届き、あなただけの才能をより理解するための資料やツールにアクセスできます。

レポートには、アセスメント中のあなたの回答の組み合わせに基づき、あなた独自の説明にカスタマイズされているものもあります。本書では、クリフトン・ストレングスの34資質に関連した、あなたやお子さんのためのアクション項目、才能を強みへと伸ばすための質問なども記載しています。

アレンジ Arranger

この資質が高い人は、組織化が得意で、その際に柔軟性を発揮します。生産性を最大限に高めるために、すべてのパーツやリソースをどう組み合わせるか、考えることを楽しみます。

アレンジの資質が高い保護者の場合

●子育ては、同時に複数のことをこなしていかないといけません。しかしあなたは、他の人に比べると、それを苦にしないはずです。思ってもみなかったことが起こっても、生来の柔軟性を最大限に活かして対応できるのです。お子さんや家族のストレスを和らげることができるでしょう。

●〈アレンジ〉の資質を活かして、お子さんが頑張っている習いごとなどをうまく調整しましょう。計画やスケジュールに工夫を凝らせば、あなたへの依存を減らし、お子さんの自立心を高められるでしょう。

●どんなによい手配やルーティン〔習慣的に行うための一連の手順や決まりごと〕も、さらに効率化が図れるかもしれません。お子さんのスケジュールや活動を改善したり、無駄をなくす方法を見つけたりすることに挑戦してください。

●趣味やお子さんの習いごとなどの活動を同じくする保護者とつながり、仲良くなりましょう。彼・彼女らの強みが何かわかると、各自に適した仕事を分担することができます。

●予定や習いごとを再調整するときは、お子さんや家族、友人、またはその他のグループの人に、必ずその理由を伝えましょう。あなたがなぜ変更するのかがわかると、感謝につながるでしょう。

アレンジの資質が高い子の場合

●〈アレンジ〉の資質はリソースのやり繰りに長けています。この才能が求められるプロジェクトや課題を子どもに与えましょう。途中でうまくいかないときは、他のやり方を見つけさせましょう。

●1週間の食事メニューや、家族全員の家事分担を決めてもらう、などもお子さんに任せてみましょう。

●宿題の優先順位づけを手伝い、総合評価に対して、締め切りや、それぞれの課題がどのくらい影響するかなどを一緒に確認しましょう。優先順位をアレンジし、調整すると、最も効率的かつメリットをもたらすように計画できます。

●ダンスイベントや、卒業生を学校に招くイベントなど、先生や学校主催のプロジェクトや特別行事はないでしょうか。その計画を手伝うよう、お子さんを後押ししましょう。さまざまな変動要素、代替案、急な変更などをフル活用して、大きなイベントを楽しんで運営するでしょう。

●お子さんが一番力を発揮するのは、何かに関わっていて、忙しくしているときということを覚えておきましょう。〈アレンジ〉の資質は、いろいろなことが同時進行しているときこそ生き生きするのです。複数の要求を回す能力のスイッチが入るからです。

強みへと伸ばすための質問

どんな活動、習いごとやイベントをするのが好きですか。または準備したいですか？

すべてのパーツ、部分や要素をまとめることの、一番の醍醐味は何ですか？

いま、どんな活動やクラブに関わっていますか。そこでどのように助けたら、メンバーはもっと効率的になれるでしょうか。あなた自身がより効率的になるにはどうしたらよいですか？

効率を最大限に上げるために、どのように部屋や机、仕事スペースを再配置したり、アレンジしたりできるでしょうか？

運命思考 Connectedness

この資質が高い人は、あらゆるもののあいだにはつながりがある、という信条を持っています。偶然起こることはほとんどなく、すべてのできごとには意味があると信じています。

運命思考の資質が高い保護者の場合

●あなたのグローバルな視点をお子さんと共有しましょう。その子は自分よりも大きな存在や、自分を超越する存在に気づくことができるでしょう。
●家族のそれぞれが、自分の才能と行動、使命、そして成功のあいだにある関連性に気づくように働きかけましょう。自分がしていることを信じ、自分が何かより大きな存在の一部であると感じたときに人は、それを本気で成し遂げようとコミットします。
●日記をつけましょう。考えをまとめ、はっきりさせれば、自分にとって本当に大事なアイデアと結びつくようになります。そのうえで、発見したことを家族と共有しましょう。
●突然でわけがわからないようなできごとが起こっても、お子さんが立ち向かい、そこに意味を見いだすのを助けましょう。あなたの〈運命思考〉の資質は、大変なときに安心感と役に立つ視点をもたらしてくれるのです。
●家族それぞれが一番大切にしているものは何か、家族が支持しているものは何か、お子さんと話しましょう。近所や地域社会、文化に対して責任を担うために、家族でできることはありますか。

運命思考の資質が高い子の場合

●お子さんが落ち着ける環境を整えて、そこで勉強したり、プロジェクトに取り組んだり、問題を解決したりできるようにしましょう。この資質が高い子には、そうした穏やかな空気が必要です。思考力が向上するでしょう。

●学校や地域の奉仕的なグループに参加するよう、お子さんを後押ししましょう。〈運命思考〉の資質はこうした環境で生き生きします。自分の貢献が他の人に与える影響の大きさがわかるでしょう。

●お子さんには、自分のつながりの感覚を支えている、身近にある例を書き出してもらいましょう。そしてそれらを他の人と共有するように勧めます。こうした例は、他の人が自分の生活の中につながりを見つけるヒントになるかもしれません。

●どのように私たちすべてがつながっているのか、それを表す記事やビデオ、音楽、イラストを子どもが集めるのを助けます。お子さんにとって意味を持つシンボルを集めて飾れる場所を、子ども部屋や家の中に作りましょう。

●お子さんが、不測の事態や思ってもいなかったできごとを理解し受け入れているのを見たら、そのことに気づかせましょう。また、誰かが苦闘しているときに、お子さんが相手を理解していることが、どのようにその相手に役立っているのかを伝えます。お子さんの段階や年齢に応じて、思いを声かけや行動で表せるように助けましょう。他の人に変化をもたらすでしょう。

強みへと伸ばすための質問

あなたが信じていることは何ですか。1つか2つ教えてください。今日、それを誰かと共有しましたか？

友人や同僚に、彼・彼女らが全体の中でどのような役割を担っているかを伝えたことがありますか？

あなたの人生の目的は何ですか？

あなたが憧れる人は誰ですか。その人が信じていることは何でしょうか？

回復志向

Restorative

この資質が高い人は、問題におじけづくことなく対応できます。問題点を突き止め、解決することが得意です。

回復志向の資質が高い保護者の場合

●問題というものは、日常生活で当たり前に起こることであり、ほとんどは解決できることをお子さんに教えます。あなたが解決策に焦点を当てれば、その子は難題に対処する道筋を見いだすことができるようになります。

●問題を解決する親になりましょう。あなたはこの資質が優位ですが、他の人はそうでないかもしれません。また、お子さんは成長途中であり、問題によってはすぐに解決できないことも念頭においてください。そのうえで彼・彼女らがあなたのプロセスを理解しやすいように、解決策をステップに分けて示しましょう。

●自分が扱いにくい問題を解決するのが好きなことを、お子さんに伝えましょう。それを聞いていれば、自転車が壊れても、コンピュータの問題でも、友人との喧嘩のことでも、進んで話してくれるようになるかもしれません。

●あなたは問題を解決せずにはいられませんが、覚えていてほしいのは、長い目で見れば、お子さんが自分で問題を解決できるように、やり方を教えることが大切だということです。すぐに自分ですべて直してしまう前に、子どもと一緒に問題解決に取り組みましょう。

●よくない知らせを聞くのが辛い人はたくさんいます。特に子どもにとってはなおさらです。しかしあなたはすぐ、解決策を考え始めるでしょう。この特徴を活かして、お子さんが悪い状況に陥ったときも、明確な道筋を見つけることができるように助けましょう。

回復志向の資質が高い子の場合

●友達に、「問題を解くのが楽しい」と知らせるように、お子さんを後押しします。お子さんが解決策を探すのが好きで、喜んで助けてくれることを知っていれば、友達は問題を打ちあけるようになるでしょう。

●問題を解決したり、現状復帰させたりするグループやクラブから、多くの学びがあるでしょう。他の人にとっては大変に思えるチャレンジにも取り組み、楽しんで「機能していない」ものを「機能させる」でしょう。

●地域社会のために〈回復志向〉の資質をどのように活かせるか、お子さんと話してみてください。どう助けられるか、一緒にリストを作成しましょう。たとえば、地元で廃れた地区を立て直すボランティア活動や、その子にとって大事な目的につながる寄付金集めなど、子どもができる方法を考えましょう。

●お子さんが、自分にぴったり合った仕事は何か、考えるのを助けましょう。たとえば、リフォーム業者、医療従事者、機械工、ＩＴ関連職、庭師などは、すべて人、物、またはプロセスを修復する仕事として考えられます。お子さんがある程度大きくなっている場合は、適切な組織でのインターンシップを勧めてみましょう。まだ子どもが小さいなら、問題解決をしている会社に家族で見学に行くのもよいでしょう。

●どんな仕事でも、どんな活動でも、「これは自分を改善する方法だ」ととらえられるようにお子さんを後押ししましょう。どんな障壁を打破し、どんな問題を解決する必要があるでしょうか。自己改善への取り組みは、子どもをやる気にさせる可能性があります。特にその過程で課題を克服することができれば、なおよいでしょう。

強みへと伸ばすための質問

最近何か、直したり、よりよく改善したものはありますか。どんな問題を解決しましたか。どのように解決したのですか？

あなたが何かを直したり、問題に取り組むのが好きなことを、友人や家族、同僚は知っていますか。それを伝えたら、彼・彼女らの生活をより楽にすることができますか？

壊れたり、悪化したものを、直したり、蘇らせたことがありますか。これまでに、悪かった状況を回復させたことがありますか？

もし、何かひとつをよりよくできるとしたら、それは何ですか。どのように変えられますか？

学習欲 Learner

この資質が高い人は、学ぶことへの飽くなき欲求があります。常に向上し続けたいのです。結果よりも、学ぶ過程（プロセス）に非常にワクワクします。

学習欲の資質が高い保護者の場合

- あなたのお子さんについて学びましょう。面白く、楽しませてくれて、そのうえ示唆に富む題材を永遠に与えてくれるはずです。
- 〈学習欲〉の資質を、子どもの特徴を理解するのに活用します。発達段階、成長と学習の過程、発達心理について学んでみるのはどうでしょうか。こうした知識は、子育てをワクワクさせてくれるだけでなく、幾多の試練を乗り切るのにも役立つでしょう。
- 学んだことをノートにメモしたり、書き留めたりしましょう。あなたやお子さんが何かの答えを探しているときに、彼・彼女が手軽に使える参考資料として活用します。
- あなたがどうやったら一番よく学べるのか、お子さんに話してください。彼・彼女は、あなたのように自分の学び方をわかっているかもしれないし、まだわかっていないかもしれません。お子さんの学習スタイルはあなたとは違うかもしれません。それを理解し、その価値を受け入れましょう。
- 遠出することもすばらしい学びの機会になります。博物館や歴史的建造物、または教育的な場所へ、家族全員、またはそれぞれの子どもたちのために行く企画を考えてみましょう。

学習欲の資質が高い子の場合

●お子さんがよりよく学べるようにするにはどうしたらよいでしょうか。もしかしたら、本人に聞くだけでわかるかもしれません。誰かに教えることで最も学べるなら、人前で発表する機会を探しましょう。やってみることで学べるなら、スキルや工作のワークショップを探しましょう。静かに振り返ることで最も学べるなら、静寂の時間を設けるのがよいでしょう。

●学習の進捗度を記録すると、子どもは成長するでしょう。もし、レベル別になっている学習分野やスキルならば、そのレベルが上がったら必ずお祝いするようにしましょう。もしそうした目安がなければ、自分で作ってもよいでしょう。たとえば、あるテーマについて本を5冊読んだら、プレゼンテーションを3回行ったら、など。

●学校や地域、教会などに、学び続けることをミッションにしているクラブや団体はないでしょうか。こうした環境で子どもは生き生きとしますし、〈学習欲〉の資質にとってはチャレンジする機会になります。先生やカウンセラー、生徒の仲間に、こうしたグループを見つけるアドバイスをもらいましょう。

●お子さんは、自分と同じように学ぶことが好きな友人は誰か、気づいていますか。共通の趣味に関連して一緒に勉強したり、どこかを訪問したりして、楽しいときを過ごせるでしょう。

●好きな授業やグループで学んだことについて、ノートや記録をつけるよう、お子さんに提案します。

これは、後で参照する役に立つ情報や教訓を残しておくのにすばらしい方法です。

強みへと伸ばすための質問

授業や活動、プロジェクトの中で、あなたがいま一番ワクワクしているものは何ですか？

どのような方法が一番よく学べるでしょうか。行動する、教える、読む、実験する、ひとりで考える、議論する、ブレインストーミングしてみるなど、何かありますか？

もっと学びたいテーマや項目は何ですか。その分野のエキスパートになるにはどうしたらよいですか？

今日、新たに学んだことをひとつあげてください。今週は何について学びたいですか？

活発性 Activator

この資質が高い人は、事を起こすことができます。思考を行動に移します。話しただけで終わらせたくはありません。すぐに実行したいと考えます。

活発性の資質が高い保護者の場合

- あなたの〈活発性〉の資質を、お子さんの大事な機会を逃さないために使いましょう。あなたは自然に子どもの代わりに行動することもあるでしょう。そして、新しいことに挑戦するように背中を押すので、お子さんも自分が好きなことがしだいにわかってきます。
- あなたがすぐに行動した結果について、子どもたちに話しましょう。よい結果も悪い結果も両方です。そうした経験を共有することで、お子さんが同じような状況に陥っても、行動した結果をイメージできるようになります。
- あなたは物事を進めていくのが好きですから、親同士のグループディスカッションの際は司会を引き受けてみましょう。そうすれば、ただの話し合いで終わらず、具体的に次の一歩を踏み出すのをサポートできます。
- お子さんが解決すべき問題があるとき、自分で発言したり、自ら行動したりする機会を作ってください。子ども自身も動くことで、より早く、よりよい成果に導くことができます。

●すばらしいアイデアや洞察が浮かんだら、お子さんのために書き留めておきましょう。好機がくれば実行できます。行動に移すまでに時間があるかもしれませんが、書き留めることで進んでいるという満足感を得られます。

活発性の資質が高い子の場合

●お子さんは、新しい取り組みを始めるのが得意です。それをわかっていることを伝えてください。そして、友達やチーム、家族の中で、物事をどう始めたらいいか聞きましょう。あなたに期待されていると知れば、お子さんはやる気が湧くでしょう。

●先生との面談でも、お子さんが事を起こすのが好きなことを話しましょう。そのうえで、行動を伴った活動や役割を任せられないか、先生に尋ねてみてください。〈活発性〉の特徴を伝えて、それを発揮する機会が増えれば、お子さんはますますやる気になるでしょう。

●お子さんが自分のインテンシティ〔強さ、激しさ、スピードの速さなどの質（密度や連続性）が高いこと〕に責任を担えるように後押ししましょう。たとえ集団の中でも、遠慮する必要はありません。子どもの持つ〈活発性〉の資質は、他の人を正しい方向に導けるでしょう。

●子どもの中にある切迫感や焦燥感は、時として否定的に、あるいは威力がありすぎると受け取られることがあります。〈活発性〉の資質が持つ力《パワー》や行動指向的なエネルギーをどうしたら最もうまく昇華できるかについても、お子さんと話し合ってみてください。

●お子さんが不満をもらしたら、注意深く聞きましょう。得るものがあるかもしれません。そして、新たに改善したり、主導したりできそうな取り組みについてすぐに話し合うのです。〈活発性〉の資質は、目を離していると、不満を増幅させ、脱線してしまうことがあります。

強みへと伸ばすための質問

今週、何か始めたことや、進めたことはありますか。やってみてどのような気持ちですか？

周りの人はどのような反応をしましたか？

物事を始める手順はどうなっていますか。誰が、そして何が、すぐに取りかかる助けになりますか？

あなたはグループの中で、よく他の人に行動を呼びかけますか。それを受けて、周りは行動しますか。

どうすると、他の人たちをよりよい方向に導くことができますか？

すばらしいアイデアを持っている人はいないでしょうか。それを構想段階から実現するのを助けるためには、どうしたらよいでしょうか？

共感性 Empathy

この資質が高い人は、「自分が相手の人生や状況にあったらどうだろうか」と想像することで、他人の感情を感じ取ります。

共感性の資質が高い保護者の場合

●あなたは、人生には喜怒哀楽がつきものだと知っています。ですからお子さんの経験や個性を理解し、尊重していることを伝えましょう。まず子どもの気持ちを受け入れると、その子は次の行動にすばやく移れるでしょう。

●あなたは自然に他人の感情を感じ取り、それにあった対応を取ることができます。あなたの〈共感性〉の資質と経験を活かして、お子さんがいろいろな感情にどう対処したらいいか、想定して学べるようにしましょう。

●お子さんや家族の感情のリトマス紙になりましょう。誰かが疎外感を味わっている、ワクワクしている、誇りに思っている、などがあなたにはわかるはずです。そしてそのうえで他の人たちにどうふるまうべきかなど、気づかせることができます。理解した他の人の感情をみんなと共有しましょう。信頼と親密の絆が深まるでしょう。

●お子さんが感情を理解できるように助けましょう。自分や他の人はどのように感情を表しているのか。あなたはそれを見て、相手がどんな気持ちなのかすぐにわかるでしょう。しかし子どもにはピンときていないかもしれません。また、ある種の行動や言葉によって相手がどのような感情になるのかも説明しましょう。

●あなたにとって、感情は他の実用的な要因と同じくらい確かなものです。子ども、家族、ご近所、職場の付き合いでは、この能力を活かしましょう。すべての感情と事実を考慮すれば、すべての人にとって一番よい結果を見つけられます。

共感性の資質が高い子の場合

●〈共感性〉の資質が高い子は、１日のうちにたくさんの感情を抱きます。時にこれに対処できなくなることもあるでしょう。特に小さい子にとってはなおさらです。そのときあなたができることのひとつは、お子さんが自分の喜びや怒り、悲しみなどを外に出して、整えられるようにしてあげることです。お子さんがその日の気持ちを吐露していたら、ただ耳を傾けましょう。心の重荷を降ろせるように安心安全な環境を整えましょう。そして気持ちを切り替えさせます。

●お子さんがある種の感情に対処するためには、助けが必要な場合もあるでしょう。その子が他の人のことでどう感じたかをよく聞いて、サポートしましょう。そして落ち着いてから、どうしたらいいか提案をしてください。

●お子さんの感受性と傾聴力を最良の形で活かすために、地域活動や学校のグループに関わることを勧めてみましょう。病院や老人ホームでボランティアをしたり、他の生徒の学校の勉強を手伝ったり。このような場面で、子どもの共感力を伴った傾聴力は、大きく人の役に立てるでしょう。

- 人の役に立ったときに学んだことを、日記につけるように勧めてみてください。こうして振り返りをすると、将来、自分の〈共感性〉の資質をいつ、どのように使うのが一番いいのかがわかるようになります。
- お子さんが他の人を慰めたり、助けたりするのは、「おせっかい焼き」からではないことを理解しましょう。そうではなく、友人や家族の声によく耳を傾けたいという、本質的なニーズがあるのです。

強みへと伸ばすための質問

今日、あなたは他の人がどんな感情を抱いていることに気づきましたか？

誰かが問題やストレスがある場合、どうしたら友人や家族、または同僚たちに気づいてもらえるでしょうか？

友人と話すとき、どのようにしたら自分が信頼できる人であると示せますか？

友人または誰かにとって、ついていない1日だったことを察知したとき、どのように対応しますか？

競争性 Competition

この資質が高い人は、他の人のパフォーマンスと比較して、自分の進歩や進捗状況を測ります。勝つために多大な努力をし、コンテストに挑むことを大いに楽しみます。

競争性の資質が高い保護者の場合

- この世に「子育て選手権」などはありません。しかし、あなたがすばらしい保護者だと感じる人がいたら、自分をその人と比べてもよいのです。
- お子さんをあなたの代わりに競わせないように気をつけましょう。しかし、お子さんの成功には誇りを持ちましょう。
- あなたの〈競争性〉の資質を、お子さんのために使いましょう。子どもの活動に関連することで、あなた自身のチャレンジ課題を作ってみましょう。サッカーチームで一番のコーチになる、遠足で一番よく見ている保護者になる、学校のバザーのために一番おいしいクッキーを焼く……そのために努力することは決して悪いことではありません。
- お子さんが自分の勝利に気づけるようにしましょう。あなたは、子ども自身が気づかない勝利の瞬間や勝ち取った信頼にも、自然に気づけるはずです。
- 毎日のタスクを「大会」にして、家庭をより楽しい場にしましょう。「得点表」をつけて、子どもたちや家族と共有するのです。成功を記録しておいて見せれば、家族もやる気が増すでしょう。特に普段スコアをつけない人にとっては、なおさらです。

競争性の資質が高い子の場合

- お子さんに普段任せているお手伝いに、競争的なゲームの要素を取り入れましょう。その子は楽しみながら家事を終わらせ、結果的に親子でより多くの家事をこなせるはずです。
- この資質の高い子は、自分の成果を測ることが好きだということを覚えておきましょう。ですから、挑戦的で、かつ結果的に成功するであろう経験を積ませるのです。子どもは競争がないと、自分がよくできていても気づかないかもしれません。
- お子さんの負けず嫌いな性質を伸ばしましょう。同時に、伸ばしてくれる人を見つけることも大切です。たとえば、面談で担任の先生には、子どもは競争することで伸びることを伝えましょう。たとえば常にクラスの上位5％に入るように後押ししたり、競争の激しい目標を与えてもらうよう頼むのはどうでしょうか。その子は授業が楽しくなるだけでなくやる気も高まり、たくさんのことを学べるでしょう。
- お子さんに自分自身と競争することを勧め、前回のパフォーマンスを上回るように応援します。次のレポートは前回よりもよいものになるように、次の成績は前回よりも上がるように、挑ませるのです。
- 負けたときの子どもは、機嫌が悪くなったり、泣いたり、枕を殴ったりするかもしれません。そうした感情を否定しないでください。その気持ちを言葉にさせてから、話し合いましょう。そして、次の勝利のチャンスに目を向けるようにするのです。もし負けが続いた場合、子どもはその活動をやめる可能性もあります。

強みへと伸ばすための質問

あなたにとって一番大事なスコアや数値は何ですか。現在、何のスコアを記録していますか？

勝負する相手として好きな人は誰ですか？

どんな大会に参加していますか。今日は「勝利」しましたか？

今週、あなたが一番になりたいことは何ですか。自分が一番になったかどうか、どうやってわかりますか？

規律性 Discipline

この資質が高い人は、ルーティンや仕組みを作ったり、守ったりすることを楽しみます。彼らが生きる世界は、彼らがつくり出す秩序に従って機能しています。

規律性の資質が高い保護者の場合

- あなたの〈規律性〉の資質を活かして、子どもの世界に秩序と仕組みを作りましょう。お子さんは次に何が起こるか予測することができるようになります。よくわからないことに対して、恐れなくてすむようになるでしょう。
- お子さんや家族にルーティンを作って、みんなに従ってもらいましょう。いずれ、その子は求められていることや、それを行うことで生み出す結果に、やっていてよかったと思うようになるでしょう。
- お子さんがやるべきことをやったかどうか、遠慮せず確認しましょう。その子は、あなたのクオリティ・チェックを期待するようになるでしょう。そしてするべきことが残っている場合、自分で気づけるようになります。
- ゴチャゴチャした状態はあなたをイライラさせます。散らかっていたらどうするか、家族みんなが、守るべきシステムを作りましょう。家の状態をきちんとした状態にコントロールできている、と全員が実感できるでしょう。

●スケジュールなど、きちんと行動できるための仕組みがあると、達成できることは多くなります。それをお子さんに教えましょう。そしてあなたが、あまり秩序正しいと感じられないときにどんな気持ちになるかも表現してみてください。こうしたあらゆる点がいかにあなたにとって大事なのか説明すると、お子さんも、あなたと、あなたの行動がわかりやすくなります。

規律性の資質が高い子の場合

●予定変更やスケジュール、期限などは、先にお子さんに伝えましょう。お子さんはおそらく、遅くなるより、早めに終わらせるのが好きです。しかしそれができるのは、スケジュールが明確であってこそです。

●覚えておいてほしいのは、お子さんは優先順位をつける必要がある一方、そのプロセスが手に負えなくなることがあるということです。特にするべきことがたくさんあるときは、なおさらです。何を真っ先に終わらせ、何に一番時間がかかりそうかを話しながら、一緒に優先順位をつけるようにしましょう。

●すでに仕組みが整っている役割や責任を任せます。まず無秩序状態のところに秩序を作るという手間がないほうが、お子さんはより多くのことを達成できるでしょう。

●お子さんが課題に取りかかる前に、先生と話すよう後押ししましょう。先生が課題に求めることや、評価方法について知るようにするのです。その子は、どういう心づもりでいたらいいのか、そして自分に何が求められているのかが前もってわかっていると、一番のびのびとできるのです。

●お子さんは、課題や今後のプロジェクトについて知りたがるかもしれません。そのことを担任の先生にわかってもらえるように手助けしてください。これは、その子が課題を正しく行いたいからであって、先生に疑問を抱いたり、挑戦したりしているわけではないのです。

強みへと伸ばすための質問

あなたは、1日のスケジュールがどのように組まれているのが好きですか。秩序に対する感覚があることは、すばらしい1日を過ごすのにどのように役に立つのでしょうか？

あなたは最近、どのようなルーティンを取り入れましたか。それがあることで、あなたの生活はどのようによりうまくいくようになりましたか？

最近、誰かの整理整頓を手助けした、もしくは助けようとしましたか。家庭や学校、職場で、もっと片付くべきだと思うのはどこですか？

エラーや、予期しないできごとが起こると、どのような気持ちになりますか。そうなってしまったら、あなたはどうしますか？

原点思考 Context

この資質が高い人は、過去について考えることを楽しみます。現在を理解するために時系列的にさかのぼって調べます。

原点思考の資質が高い保護者の場合

- お子さんの人生を記録して、まとめましょう。自分がどんな人か、どんな軌跡を歩んできたかを思い出してもらうことができます。
- 過去のできごとを共有することで、家族のアイデンティティを確かなものにしましょう。あなたや先祖の物語は、お子さんに過去の一瞬を見せるだけではありません。家族の価値観や人間関係、そして思い出を確かなものにしてくれます。
- 担任の先生には、先生のこと、これまで何をしてきたのか、そして教育目標などを聞いてみましょう。先生の背景を知ることで、先生自身はもちろん、お子さんに対する教育にもより理解が深まります。
- 計画を変更する、決断をくだす、情報を共有する、決まりを適用するなど、そんなときはお子さんに理由を説明してください。もともとあなたは、その行動に至る経緯を考えているはずです。背景を説明すれば、お子さんはあなたの動機をより理解しやすくなります。

- お子さんと計画を立て、話し合うときは、過去にあった計画や状況を話すようにしましょう。あなたの〈原点思考〉の資質を活かせば、お子さんが過去の成功からも失敗からも学ぶのを助けることができます。

原点思考の資質が高い子の場合

- 先生との面談では、お子さんが一番よく学べるのは、学んでいることの背景や、やれと言われたことの理由がわかっているときだと伝えましょう。
- 歴史的に重要な時代を生き抜いた人に話を聞く機会を探してみましょう。話を記録や録音させましょう。学んだことを集めて保存するとよいでしょう。お子さんの過去に対する好奇心は、重要なできごとや考え方を失わないようにすることができるのです。
- 事実や記憶を集め、保存するような部活動に興味はあるか尋ねてみましょう。たとえば、学校のイヤーブックの編集なども、回顧するという才能を活かせる可能性があるでしょう。
- 子どもが、民間伝承など、文化的な機会や団体に貢献できないか、探してみてください。文化的、民族的、または宗教的なグループの、過去最高のときを象徴する物語を調査し、収集できるかもしれません。みんなからも喜ばれるでしょう。
- なぜある特定のやり方で物事を勧めるのか、子どもに説明してもらうようにします。説明することにより、していることがより明確になり、やり抜くことができるでしょう。

強みへと伸ばすための質問

あなたはどの友人、教師、同僚と過去のことについて語るのが好きですか。彼・彼女らと過去について議論すると、どのように考えが刺激されますか？

過去から学ぶこと、または過去について学ぶことの、どういうところが好きですか。どのようにしたら、過去について一番よく学べますか？

完了したプロジェクトや事例を検証することは、いま成功するためにどのように役に立ちますか？

あなたは、出会った人の経歴を尋ねますか。それは、相手のことをよりよく知るうえで、どのように役立ちますか？

! 公平性 Consistency

この資質が高い人は、人は同等に扱われなければならないとはっきり認識しています。そのために、誰もが守ることができる明確なルールや手順、そして安定したルーティンを必要とします。

公平性の資質が高い保護者の場合

- あなたは一貫性があることの強さを信じています。その力を用いれば、公平で効率的な家庭環境が生み出せます。それぞれの家族に決まりを適用する際は、必ず理由を説明しましょう。
- お子さんの活動しているスポーツで、審判のボランティアをすることを考えてみてください。あなたの貢献はコミュニティから感謝されるでしょう。あなた自身も楽しく自分の才能を活かして、公正さを奨励できます。
- 一貫していることの利点を示す事例をリストにしましょう。そのリストを子どもに見せます。こうした例を使うと、一貫性や統一性がもたらすよい結果や、それが安定につながることを理解してもらいやすくなります。
- あなたの〈公平性〉の資質は、お子さんに安心感とはっきりした基準、ルールや手順をもたらすことができます。特に達成可能な期待値があるときならなおさらです。彼・彼女らを導き、さまざまな成果につながる選択肢を示すのに、あなたの才能を活かしましょう。

●お子さんが達成感を味わえるようにサポートしましょう。授業や課外活動など、決まった仕組みや枠の中で、どのようにしたら成果を出し、うまくできるかを示してください。

公平性の資質が高い子の場合

●お子さんのために、勉強する場所とスケジュールを決めましょう。そうすることで規則性が生まれ、気持ちよく勉強できるようになります。スケジュールは、あまり変わらないようにすること。その方がベストな状態を保てるでしょう。

●お子さんはみんなの条件を平等にしようとするでしょう。その方法を見つける助けをしてください。そして学校や教会、クラブ、その他の活動で、不利な条件下に置かれた人が、本来の力を存分に発揮するために必要な基盤を提供するリーダーとなるように、お子さんを後押ししましょう。

●あなたのお子さんは、社会正義のための「見張り役」になれます。近所や学校、地域社会で、支援を必要としている人や理念はあるでしょうか。それを助けるために、どのような役割を担えるでしょうか。アイデアを出しましょう。

●ルールを守らない人や、相手によってルールを変える人に対して、お子さんはイライラするかもしれません。ですから、その子が規則的な手順やルーティンを実践しているクラスや活動を見つけられるようにします。規則が一貫していないときには、彼・彼女らが疑問を呈したり、正当性を求めたりできるように、サポートしましょう。

●お子さんに関連して何かを決め、決まりを調整するときは、なぜ変わることがあるのかを必ず説明してください。たとえ変わっても、それぞれの状況で公平であることも理解してもらいます。そうすることで、お子さんは客観性を感じ、あなたが行った調整は偏っていないと知るのです。

強みへと伸ばすための質問

あなたが人生や行動の指針としている決まりは何ですか？

友人、同僚、家族全員をそれぞれ等しく同じように扱っていますか。その際、どのように注意を払っていますか。相手は、あなたがそうする理由や、どのようにやっているのかを知っていますか？

誰かが不公平な扱いを受けたとき、どのような気持ちになりますか。平等性を高めるために、できることは何でしょう？

あなたの身近にある、公正さの例をあげてください。どの先生、指導者、リーダーが、一貫したルールや行動を示していますか。彼・彼女らは自分が公正で偏っていないことをどのように示していますか？

個別化
Individualization

この資質が高い人は、ひとりひとりが持つ独自の個性に惹きつけられます。どうしたら異なる個性を持つ人々が一緒に、生産的に働けるかがわかる才能を持っています。

個別化の資質が高い保護者の場合

- あなたには、どうすれば子どもたちひとりひとりの才能を引き出せるかわかります。子どもたちが輝く経験や機会を探し、作りましょう。
- 子どもたちひとりひとりが、家族や世の中に貢献しています。そのことに子どもたちが気づき、感謝できるように導きましょう。その子にしかないものは何か、例をあげて説明してください。家族全員が、それぞれの子どものことを話すように心がけましょう。
- 子どもたちのためにお祝いやパーティーを企画するときは、〈個別化〉の資質を活かしましょう。子どもたちに一番の希望を尋ねましょう。卒業祝いは、盛大なパーティーでしょうか、それとも家族だけの特別な晩御飯でしょうか。誕生日は、ケーキでしょうか、それともマッシュポテトでしょうか。子どもたちは、自分に合った気配りをしてくれることに感謝するでしょう。
- 子どもたちそれぞれの強みに基づいて、責任を担わせます。必ず、なぜその責任が適していると思うから任せたのか、ひとりひとりに理由を伝えましょう。

- 家族で出かけたり、集まったり、旅行を企画したりする際は、みんなの意見を聞きましょう。自分の関心事や得意なことで、家族全員が企画の一部に関わるようにするのです。こうすることで、全員にとってより面白いものになるでしょう。

個別化の資質が高い子の場合

- お子さんはメンターや家庭教師、仲間の相談相手などをやってみることに関心はあるでしょうか。子どもは、自然にその人ならではの才能やスタイルを見抜き、尊重します。そうしたことが求められる役割で、優れた力を発揮できるでしょう。
- 〈個別化〉の資質を活かす道を探すよう、お子さんを後押ししましょう。たとえば、イヤーブックや学校新聞のボランティアをして、興味深い生徒や先生について執筆するのはどうでしょうか。他の人の個性をよく観察しているので、非常に面白いものや、啓発的なものを生み出せるでしょう。
- 人生に対する見方が違う人たちが、どうしたら協力して生産的に働くことができるのか。お子さんにその方法を学ぶよう求めましょう。学校やチーム、クラブ、地域団体、家族や近所にたくさんいるはずです。そして学んだことを活かして、みんなが自分たちの違いを理解し、感謝し合えるようにできれば、とてもよい影響を及ぼせると伝えましょう。
- お子さんに、尊敬する人の成功に役立った才能は何か調べるように提案してみましょう。その人たちの才能と子ども自身の才能の間には、共通点や相違点があるでしょうか。また、違う才能だけれども、同じよい結果をもたらす可能性はあるでしょうか。見てみましょう。

●何かを企画する場合、参加者ひとりひとりにとって一番面白いことは何か、または一番役に立つことは何かを調べるように、子どもに挑戦させましょう。

強みへと伸ばすための質問

あなたの最高の友人が、他の人とは違うところは何ですか？

どうしたら、他の人がよくできることがわかるでしょうか。どうしたら、個人の才能を最大限に発揮させられるでしょうか？

自分は何が得意なのか、何が他の人とは違うのか、考えたことがありますか？

あなたは、友人や同僚に、誰かのモチベーションに気づかせたり、その人のスタイルを説明したりすることが好きですか？

コミュニケーション Communication

この資質が高い人は、自分の考えを簡単に言語化できます。会話もプレゼンテーションもうまく進めることができます。

コミュニケーションの資質が高い保護者の場合

- 生き生きとした言葉で、思い出を家族の間で語り継がれるような「言い伝え話」にしましょう。それにより、お子さんは大切な時間を思い出せるでしょう。
- お子さんやその友人と、いろいろな話を共有します。あなたの生き生きとした語りは大人と子どもをひとつにし、オープンな人間関係やコミュニケーションを生み出すのです。子どもや家族に関する話だけは慎重に。誰に話すかは、よく考えてください。
- 仕事の日は一日をどのように過ごしているのか、どんな活動をしたのか、お子さんに語りましょう。あなたが語る言葉は、鮮やかなアイデアや情景をイメージさせます。あなたがどんな人なのか、どんなことをしていて、どのようにさまざまな事態を収拾しているのか、お子さんも理解できるでしょう。
- お子さんが適切な言葉を見つけられずにいるときこそ、あなたの〈コミュニケーション〉の資質を活かしてサポートしましょう。学校のプロジェクトに取り組んでいる、プレゼンテーションの準備をしている、友人や先生に何と言えばいいのかわからない……なんであれ、あなたの言葉の使い方を活かせば、お子さんも効果的なメッセージを作れるはずです。

●お子さんがプロジェクトや家事、習いごとなどに飽きてきたようなら、あなたの人を楽しませられる面を活かし、楽しい、笑いのある瞬間を作り出しましょう。うまく楽しませることで、子どものそれに対する見方を変えることができます。

コミュニケーションの資質が高い子の場合

●子どもの学校や活動、友達について、子どもに尋ねたり、話を聞いたりする時間を取りましょう。そうした時間は話す子どもにとっても、聞くあなたにとっても楽しいもの。しかも、親子の仲も深まるのです。そのときは、必ず子どもが話すことによく耳を傾けるようにしてください。

●お子さんは、簡単に会話を弾ませることができるでしょう。この才能を、人を引きこむ、特にグループに初めて参加した人たちのために活かすよう、後押ししてください。

●お子さんのために、大勢の人に向けて、スピーチやプレゼンテーションをする場を探しましょう。練習に付き合って、この資質を磨くのを助けてください。物事を描写したり説明したりする潜在能力があるので、他の人のために主題を明確にしたり、気持ちを高揚させたりすることもできるでしょう。本人にそれを気づいてもらいましょう。

●お子さんが他の人の関心を惹きつけたときに使った言葉をメモしておき、それをあとで本人に伝えましょう。その子がこれから先、こうした言葉や、他に役立ちそうな言葉をバリエーション豊かに伝える練習をサポートします。そうすることで、題材に関係なく、その子はコミュニケーションへの関心を持ち続けるでしょう。また、あなたが自分に関心を寄せていることが伝わり、お子さんの自尊心を高めます。

●お子さんがスピーチクラブやディベート部などの課外活動に興味はないか、聞いてみましょう。〈コミュニケーション〉の資質が高い子ほど、普段から言語にたくさん触れられる環境にいられると生き生きします。それは才能を強みへと伸ばすよいチャンスにもなるでしょう。

強みへと伸ばすための質問

今日、誰かとの会話の最中に、あなたの言ったことに相手がどう反応したか気づきましたか。相手の関心を惹いたり、笑わせたりしましたか？

学校や職場で、あなたの話を一番よく聞いてくれる人は誰ですか。その人たちと話すと楽しい理由は何でしょうか？

今週、練習して、完璧に伝えることができた話はありますか。最近話した中で気に入っている話題は何ですか？

〈コミュニケーション〉の資質をどう使ったら、友人や家族の間の会話が弾むでしょうか？

最上志向

Maximizer

この資質が高い人は、自ずと人の強みに目がいきます。それが、人やグループを最高の状態に高める最善の方法だからです。「とてもよい」ものを「すばらしい」状態にしようとします。

最上志向の資質が高い保護者の場合

- あなたは生まれつき、とてもよいものを見抜くことができます。その能力を活かして、子どもたちひとりひとりの得意なことを見極めましょう。
- あなたは無意識に、優秀さを求めます。しかし忘れないでほしいのは、お子さんはあなたが大人として設定した基準には到達しないかもしれないということです。どうしたらいいか、改善法を教える前に、お子さんの長所に焦点を当てて、うまくできていることについて話しましょう。いますでにうまくできていることをもとにして、自信をつけ、進ませましょう。
- お子さんの個性を最大限まで活かせる関係を築ける先生、コーチ、近所の人、カウンセラーを見つけてください。子ども特有の強みの価値をわかってくれそうな人たちを探すのです。
- 子どもたちひとりひとりの得意なことを伝えることで、手本を見せます。子どもの友人、あなたの友人や家族、その他あなたの人生に関わる人にも同じように伝えましょう。
- 過去に成功した人や、いま成功している人について学びます。強みに目覚めた人と過ごすのもよいでしょう。強みを活かすことがいかに成功につながるのか、それを理解すればするほど、人生に成功をもたらすことができるでしょう。

最上志向の資質が高い子の場合

●友人や家族に、彼・彼女らがうまくやっていることについて伝えるよう、子どもを後押ししましょう。自分の得意なことは何かうまく説明できない人、そもそもそれがわからない人はたくさんいます。そういう人は、お子さんからの観察に感謝して、自信を高めるでしょう。

●お子さんは他人の力を最大限に発揮させることができるでしょう。ですから必ず、子ども自身の力を最大限まで伸ばしてくれるメンターを見つけてください。自然に他人のことに心を注ぐので、自分自身の強みにまで気がまわらないかもしれません。必ずお子さんが定期的にこのメンターと会い、挑んでもらい、最高レベルへ意識を向け続けてもらうようにしましょう。

●お子さんが参加するグループ、クラブ、チームを見つけるのを助けましょう。すばらしい取り組みや、高いレベルのパフォーマンスを出しているのはどこでしょうか。メンバーが「ただ来ている」グループでは、その子にとってよい経験にはならないでしょう。その子にとって重要なすばらしい何かの一員になる必要があるのです。

●どうすれば友達や兄弟、他の家族が優れたパフォーマンスを出すのを助けられるか、お子さんと話しましょう。もしかしたら、改善法を伝える前に、彼・彼女らのうまくできていることを詳しく説明するのもいいかもしれません。他の人の才能に注目することは、その人の自信を育むだけでなく、子どもが自身の才能を行動に移すのを助けます。

● お子さんは、優秀であることを基準としています。時には、このまま続けるべきか、やめるかを判断する助けをしなければならないかもしれません。

強みへと伸ばすための質問

あなたの生活は、どこをよりよくできますか。どうすればできますか。いまもよいけれども、さらにすばらしくなるかもしれないことは何ですか？

問題を解決したり、壊れたものを直したりしなければならないとき、どのように感じますか。問題解決を助けてくれるパートナーを見つけられますか？

あなたは、友人や家族の得意なことを具体的に伝えたことがありますか。どのようにしたら、彼・彼女らが自分の強みに気づき、理解するのを助けられますか？

自分の才能やスキルを磨くために何ができますか。自分が優秀なレベルに向けて進歩しているか、どうしたら測れるでしょうか？

自我 Significance

この資質の高い人は、強い影響をもたらしたいと思っています。自立心が高く、自分の組織や周囲の人々にどのくらいの影響をもたらせるかを考えて、プロジェクトの優先順位を決めています。

自我の資質が高い保護者の場合

- すばらしい親だと思ってほしい。それが大きなきっかけとなり、最終的に、お子さんに大きな恩恵をもたらすでしょう。それを理解しておきましょう。
- お子さんの目に、あなたはどんな存在としてうつりたいですか。特に、親であるあなたの話を聞いてもらうために、一番重要な点は何ですか。あなたが毎日言うこと、することを通じて、なり得る限りの最高の親になれるよう努力しましょう。
- いまから50年後、あなたはお子さんにどのように記憶されているでしょうか。そしてどんな遺産《レガシー》を残しているでしょうか。予想を書いてみましょう。そして、お子さんや家族と一緒に、その目標に向けて意識的に取り組み始めましょう。
- 〈自我〉の資質はあなたを駆り立て、最前線に立たせます。なぜ人から見られ、耳を傾けてもらうことが大事だと思うのか。それがどうあなたの家族を特徴づけるのに役立つのか。お子さんに話しましょう。

●子どもひとりひとり、そして家族の何に最も誇らしく思っているか、伝えましょう。家族の集いや、夕食の席で、話してください。みな、ポジティブに認められたことや注意を払われたことを嬉しく思うでしょう。さらにあなたにとっては〈自我〉の資質の糧になります。

自我の資質が高い子の場合

●お子さんに、これまでで一番嬉しかった、認められた、または褒められた瞬間について聞いてください。それは何のためでしたか。誰から認められたのでしょうか。聞き手はいましたか、誰でしたか。答えがわかれば、子どもにもっとその瞬間を作ることができます。また、承認される機会が増えそうな授業や部活、プロジェクトなどを探すのを助けましょう。目を向けてもらうことにより、生き生きとするでしょう。

●お子さんにとって、自分の評価は重要です。それがどんなに些細な詳細でも大事でしょう。彼・彼女らが「自分はこれによって知られたい」と望む目標、成果、資格などを書き出してもらいましょう。そして、達成までのステップを一緒に決めます。子どもが尊敬する人はどんな人でしょうか。同級生や大人でも構いません。その憧れの人は、評価を得るために何をしていますか。

●学校や地域で傑出する、あるいは知られるためにできることは何でしょうか。お子さんに聞いてみましょう。たとえば、生徒会に立候補する、課外活動でリーダーを務める、人前でスピーチをする、社会奉仕のボランティア活動を運営するなど、活動のアイデアを出してみましょう。

●難しい個人ワークの課題を完了すると、承認される授業はあるか、探してみましょう。お子さんのモチベーションを高めてくれ、やりがいを感じるでしょう。

●自分を一番よく表している言葉を書き、それを頻繁に見返すように言いましょう。自分の才能が常に念頭にあると、たとえ「聞き手」の反応が思ったほどでなくても、自信を保てるでしょう。

強みへと伸ばすための質問

何を成し遂げることで評価され、承認されたいですか。どのように認められたいですか？

誰から認められたいですか？

どこで、またはどんなときに、意義のある貢献をしたことがありますか？

あなたは、自分が変化をもたらしたとわかって活動を終えたことがありますか。どうしてそれがわかりましたか？

自己確信 Self-Assurance

この資質が高い人は、リスクを取る能力と、人生の舵を取る能力に自信を持っています。自分の中にある羅針盤が、自身の判断に確証を与えます。

自己確信の資質が高い保護者の場合

●子育てをしていると、がっかりしたり、危機に陥ったりすることがよくあります。あなたの能力は、挫折からすばやく立ち直るのを助けてくれます。そしてその能力を、あなたほど自信や確信を持てない他の保護者のために役立てましょう。

●お子さんや家族との間にしっかりした基盤を築き、あなたにとって一番大事なことに自信を持てるようにしましょう。あなたは、お子さんへの投資が実を結ぶことを知っているはずです。そしてお子さんのためには何が正しい計画かということもわかっているでしょう。あなたとの関係があるからこそ、子どもはあなたを信頼し、アドバイスに耳を傾け、行動するのです。あなたもそこから力を得てください。

●自分の子育て上の判断に自信を持つ一方で、耳を傾ける価値のある意見や見方をくれて、話せる人は誰か思い当たるでしょうか。その人たちの考えを聞き、自分の判断を後押ししたり、思い直したりしましょう。

- あなたの〈自己確信〉の資質は、お子さんに安心感を与えることができます。特に困難に直面しているときに役に立つでしょう。あなたの自信を活かして、お子さんを勇気づけ、最も役に立つと信じる道筋や方針を示しましょう。
- お子さんが決断するのを助けましょう。お子さんは、あなたほど自信がないかもしれないので、彼・彼女らが自分で道筋を選択できるように、励まし、サポートしましょう。

自己確信の資質が高い子の場合

- お子さんが、「自分が試されている」もしくは「興味深い」と思うような授業や学校のグループを選べるように助けましょう。〈自己確信〉の資質は、他の人がおじけづくような状況でも、粘り強く取り組み、成功するのを助けてくれるでしょう。
- お子さんに気づかせましょう。お子さんが持つ自信は、臆病になったり、不安になったりしている他の生徒や友人、兄弟姉妹たちを感化することができます。お手本になれるはずです。そして他の人にも自信と行動する勇気を持たせられるでしょう。
- 〈自己確信〉の資質を理解してくれない人とは、どう信頼を築いたらよいでしょうか。それには、信頼に値するという確かな根拠が必要であることを、お子さんが理解できるようにしましょう。その根拠と子どもの自信が相手の心に響くからこそ、信頼につながるのです。
- 先生を知るようにアドバイスしましょう。先生がどんな人で、何を求めているのかがわかると、お子さんは自分の勉強をよく把握できている実感を得られ、さらなる自信になるでしょう。

●お子さんにとって大事な問題に取り組んでいる団体で、リーダーの役割につけないでしょうか。〈自己確信〉の資質に個人的なミッションがつながれば、学校や地域社会に大きな変化を生み出せるでしょう。

強みへと伸ばすための質問

直感に従うとどうなりますか。「自分はできる」と確かな自信が持てることは何ですか？

あなたは、自分の考え方をわかってもらうように、人を説得することは好きですか？

最近、どんなリスクを取りましたか。リスクを取るとき、自信はどのくらいありますか？

友人、同僚、家族などが、あなたの判断に頼ることはよくありますか？

社交性 woo

この資質が高い人は、新しい人と出会い、その人を味方につけることに挑戦するのが大好きです。誰かに心を開いてもらい、つながることから、充足感を得ます。

社交性の資質が高い保護者の場合

●自分の知り合いを何人かお子さんに紹介しましょう。お子さんにとっても多種多様な人と会うのは楽しい機会となり得ます。また、新しい人と会うことで、お子さんは自分自身のネットワークを築こうと思いたくなるかもしれません。

●お子さんの周りにいるすべての人の名前を知るようにしましょう。あなたはすぐに最初のきっかけを作れるでしょう。もちろん、お互いにとっても、そしてお子さんにとっても実りある関係を築くことができます。

●あなたは、人間関係において、簡単に最初の一歩を踏み出すことができます。あなたの〈社交性〉の資質は、人々を引き合わせることもできます。他の家族や近所付き合い、クラブやチームなどでも発揮されるでしょう。あなたのお子さんや家族を助けてくれる人たちとつながりましょう。

●あなたの人と交流し、関係を築く能力は、お子さんや他の人（特にシャイな人）に、グループの一員であることを感じさせるでしょう。あなたが生み出す楽しいことに、人々は惹きつけられてやってきます。この持ち前の才能を最大限に活かして、子どもの友人があなたの家で楽しいときを過ごせるように助けましょう。

●あなたは会話の糸口を作り、そこから、関係を築けます。それを、お子さんにも役立てましょう。他の保護者、コーチ、近所の人、子どもなど、あなたが話せそうな人はいるでしょうか。学校の初めてのオリエンテーション、近所のピクニック、新しい役割につくときなど、あなたの社交的な才能を活かしてみなを安心させ、気のおけない関係を築きましょう。

社交性の資質が高い子の場合

●学校や地域で、新入生や訪問者との交流が求められるグループはないでしょうか。子どもに参加の意思を聞いてみましょう。人々がすぐに知り合えるように助けられるかもしれません。

●他の人と一緒に勉強したり、本を読んだりする時間をお子さんの予定に入れましょう。子どもの学習プロセスは、人と人との交流から、大きな刺激を受けるはずです。

●〈社交性〉の資質の高い人は、自然とキャンペーン運動ができます。子どもの価値観に合う人や目的のために活動できるよう、後押ししましょう。

●人に好意を持ってもらう能力には価値がある。そのことをまず親が認めましょう。そして、お子さんにそれを気づかせます。人を惹きつけ味方につける才能を活かす。それを恐れないよう、お子さんを後押ししましょう。

●お子さんは、社交の場で社交的になれない人を、安心させることができます。そのことに気づかせましょう。

強みへと伸ばすための質問

最近、学校や近所で、新しい人に会いましたか。どのように打ち解けましたか？

あなたは、すでに知っている人と過ごす方がよいですか、それとも新しい友人と過ごす方がよいですか。それはなぜでしょうか？

どうやって人を会話に引き入れますか？

社交的な場で、あなたが人に会ったときや人を出迎えたとき、相手はどのような反応をしますか？

収集心 Input

この資質が高い人は、集めて保管したいというニーズを持っています。その対象は、情報をはじめ、アイデア、工芸品、さらには人間関係にまで及ぶかもしれません。

収集心の資質が高い保護者の場合

●あなたは、具体的で実用的なリソースを、長い時間をかけてたくさん集めているのではないでしょうか。必ずこれらの有益なコレクションを、あなたのお子さんが使えるようにしましょう。そして、あなたがいまの子どもと同じような歳のころに集めた物や知識について話します。特に、現在、あるいは将来的に最も役に立つと思われるものは、伝えてください。

●お子さんの学習（宿題、授業、クラブなど）に関わり、生来の知的好奇心を活かしてより多くの情報を集めましょう。見つけた情報を子どもたちと共有します。そうすることで、子どもと一緒に知識と思い出を増やしていけるのです。

●あなたが集めたものを保管する場所を作ります。利用しやすいように整えましょう。家族からも提供してもらったり、または、子どもが質問したくなるような場所に設置したりするのもよいでしょう。それによってあなたはさらにコレクションを増やしていけます。

●〈収集心〉の資質を使って、お子さんの関心ある分野の芸術品や物、情報を集めて、子どもの知識の糧にしましょう。どこで、どのようにリソースを入手したか、どのように使えるか、お子さんに話します。

●子どもや家族、またはあなたが関わっている組織が独自の難題に直面したら、すべての問題について調べましょう。その結果わかったことを共有すれば、グループとして、関わっている人たちにとって最善の判断をくだせます。

収集心の資質が高い子の場合

●集めた情報を保管し、簡単に探しだすことができる仕組みを考案しましょう。切り抜いたすべての記事をまとめる簡単なものから、コンピュータのデータベースのような最新のものまであります。

●インターネットや図書館で、記事や物語を探すことは、つまらないと思う人もいるかもしれませんが、あなたのお子さんにとってはとても面白いはずです。面白い事実や構想を見つけて、それを課題に活用したり、喜んでくれる人と共有したりすることが好きなのです。情報収集が好きすぎるほどなので、時にはどこまでの範囲にするか、線を引くのを手伝うことも必要です。

●お子さんが〈収集心〉の資質を使える機会を見つけます。たとえば、グループでの調査の際に情報収集を担ったり、病気に関する情報を探している親戚を助けたりすることができるでしょう。

●ディベート部に参加する、学校新聞に記事を書く、ブログを作る、など、関心のあることを子どもに聞いてみましょう。その事実確認能力があれば、非常にしっかりした論拠の記事ができるでしょう。

●〈収集心〉の資質を、どうやったら自分の目標達成や、他の人に役立つように活かせるか、子どもと話してみてください。たとえば、グループで何か取り組んでいるときに、議論すべき課題に関する情報を自発的に集める。また、あなたがこれから行く場所の情報を探してもらったりすることもできるでしょう。

強みへと伸ばすための質問

何の話題について一番知りたいと思っていますか。どうしたらそれについてさらに学ぶことができますか？

どのように学ぶのが好きですか。誰から学ぶのが好きですか？

いま、何を読んでいますか。あなたの読書リストのうち、次に読みたい本は何ですか？

今日、あなたが尋ねることのできる、よい質問をひとつあげてください。

指令性 Command

この資質が高い人は、存在感があります。どんな状況でも主導権を握り、意思決定をくだすことができます。

指令性の資質が高い保護者の場合

- 子どもは脆《もろ》いところがあります。そんなときはあなたの毅然とした態度で、お子さんの安心感を高め、恐れを減らしてあげましょう。
- あなたは、他の人があえて言わないような考えを声に出す傾向があります。物事をはっきりさせたいのです。そうしたいという気持ちとニーズは、お子さんが属するグループにとって貴重なものとなるでしょう。どのグループがあなたの〈指令性〉を必要としているでしょうか。また、どんな場面で使うとお子さんや他の人が恩恵を受けるでしょうか。
- 強く説得力があるけれども、いじめにならないことは可能なのです。あなたはお子さんにそのお手本を示せます。
- あなたにはノーと言う勇気があります。この能力を活かしてお子さんや他の親たちに率直さのお手本を示しましょう。
- 繊細な話題について、端的に、率直に、けれども巧みに話すことで、お子さんとの絆を深めましょう。よく考え思いやりを持って、話し合いを進めるのです。あなたの「現実に向き合いたい」という強い意思は、その子に自信と安心感を与えるでしょう。

指令性の資質が高い子の場合

●学校で、何かのプロジェクトのために販売や寄付金集めをしているグループがあれば、お子さんに加入するよう勧めましょう。どうやったら人が寄付をしてくれるかを話し合い、〈指令性〉の資質に磨きをかけるようサポートしましょう。

●お子さんの〈指令性〉の資質を強みにするために、対立を本物の説得力に変える言葉選び、声の調子やテクニックを磨きましょう。

●お子さんが信じ、支持する大義や目的を見つけられるよう、サポートしましょう。その大義が誰かの抵抗にあい、お子さんがそれを守ろうとするとき、最高の力を発揮している姿を見せてくれるかもしれません。

●アイデアや問題についてディベートするのが好きで、奨励している先生はいないでしょうか。お子さんには、そんな先生のいるクラスを探すように伝えましょう。きっと、そうしたやりとりを楽しむはずです。また、そんな彼・彼女らの姿を見ることで、それまで尻込みしていたり、緊張したり、落ち着かなかった他の生徒も、自分の考えを表現する自信が持てるでしょう。

●同級生や同僚の多くは、自分のように〈指令性〉の資質を持っていないことを、お子さんが理解できるようにしましょう。他の人の話に耳を傾ければ、彼・彼女らのアイデアや考えを後押ししたり、彼・彼女らの代わりに声を上げたりできるでしょう。

強みへと伸ばすための質問

学校、職場、家庭で、あなたが任されていることは何ですか。任されることの何が好きですか？

最近、誰かを説得しましたか。何についてでしたか。どのようにしたのですか？

今日、誰かの味方をしましたか？

今日、誰かに自分の意見を伝えましたか？

慎重さ Deliberative

この資質が高い人は、決断や選択をする際に、注意深く検討するのが特徴です。障害を事前に予測することに長けています。

慎重さの資質が高い保護者の場合

●あなたは、お子さんを手放しで褒めすぎて失敗するということはないでしょう。あなたが褒めるときは、その理由とタイミングをよく考えているので、その子は嬉しいはずです。一方で、その子自身が大切にしている成果や達成に関しては、しっかりと気づいて認めるように意識して努力してください。あなたがより具体的に褒めることで、お子さんはよりポジティブな行動を取れるようになり、成果につながるでしょう。

●あなたのリスクを予測する力は、トラブルを未然に防ぎます。誇りを持ちましょう。あなたは注意深く警戒心が強いので、お子さんを危険から遠ざけるでしょう。結果的に子どもは苦しみや悲しみを味わわずにすむのです。

●公園の壊れた遊具や、速度制限の必要な道路など、危険なものを見かけたら、管轄の機関に報告しましょう。安心感につながります。

●自分の判断に自信を持ちましょう。たとえ、他の保護者や、子どもの受けが悪くても、いつも自分が賢明な判断だと思えることをしてください。

- お子さんが、よく考え抜いて判断できるようにサポートしましょう。あなたは、他の人たちには見えない要素に気づくことができます。特に、質問をしたり、相手の話を聞いたりすることで、あなたは「鏡」の役割を果たし、その子に気づきをもたらすことができるでしょう。

慎重さの資質が高い子の場合

- テストを受けるときは、まず自信がある問題から取り組むようにお子さんに伝えましょう。そうすることで安心でき、じっくりと取り組めます。
- お子さんは、先生が何を求めているかがわかれば、授業中も大変うまくいくでしょう。目標をはっきりと示すことができる先生は誰か、見つけましょう。
- お子さんの判断に自信を持ってください。その子が正しいと思ったことができるよう、信じてあげてください。たとえ友達の受けが悪くても、あなたが支えましょう。
- お子さんに質問するときは、答えるのに十分な時間を与えてください。答えを急かしたり、次の質問を畳みかけたりしないようにしましょう。
- お子さんがどの課外活動に参加しようか考えていたら、まず関心が高いものから始めるように勧めましょう。そして、決断する前に、他の人に話を聞いたり、質問をしたり、体験に行ったりすることを提案しましょう。それにより、自分に一番合ったものを絞り込め、よい時間の使い方をしたと思えるでしょう。

強みへと伸ばすための質問

他の人はあなたをどんな人だと言いますか。まじめで注意深い人だと思われていますか？

あなたが決断に至るまでの過程はどのようになっていますか。リスクはどのように洗い出しますか？

今日、誰かの決断を助けましたか。どうしたら、他の人が選択肢をとことん考えて結論を出せるように助けられますか？

今日は何をするつもりですか。先生やコーチ、同僚があなたに何を求めているか知っていますか？

信念 Belief

この資質が高い人には、変わることのない核となる明確な価値観があります。人生の目的は、そうした価値観の中から浮かび上がります。

信念の資質が高い保護者の場合

- 自分が実践していることを言い聞かせ、言い聞かせたことを実践します。あなたの行動と言葉を通じて、あなたの信念や倫理、そして原則をお子さんに教えるのです。子どもに、毎日の暮らしの中で、あなたの基本的価値観を目にし、耳にしてもらいましょう。
- あなたの価値観に合う職務を積極的に探してください。子どもや家族、もしくは社会貢献を目的に掲げている組織がよいでしょう。
- 大事にしているいくつかの信念をメモ用紙に書きとめて、それをしおりとして使ったり、見えるところに貼ったりしましょう。自分の信念を明確にし、心に留めておくことで、その信念を生きる指針として育めます。そして自分の信念を体現することで、あなたは子どものお手本としての役目を果たせます。
- 無理のない形で、自分の信念を言葉に表しましょう。あなたにとって大切なこと、それを大切にしている理由をお子さんがわかるようにするのです。そして彼・彼女らに、あなたの視点で正しいと思っていること、間違っていると思うことについて話しましょう。信念を共有すれば、子どもも感化され、それまでよいか悪いか不透明だった概念をはっきりさせることができるでしょう。

●価値観は教わるというより、「見つかる」ものです。あなたや家族にとって大切なものについて、子どもたちに示したり、伝えたりする瞬間を毎日の中で見つけましょう。

信念の資質が高い子の場合

●お子さんには、自分が信じていることについて、話すことを恐れなくてよいこと、そして誇りを持ってよいことを伝えましょう。「これが自分の価値観」だと自分で認めることができて、外に向かって表せると、自分がどんな人で、何を支持していて、どう関わればいいのかがみんなにわかります。

●お子さんの信念に対して、友達が疑問を投げかけてくるときもあるでしょう。よく目を配って、子どもの価値観を受け入れない人への対処で、助けが必要なときには気づけるようにしましょう。仲間からの同調圧力は子どもに大きな影響力を与えます。それに対処するためには、さらにあなたの支えがいるかもしれません。

●あなたが何に価値をおき、なぜそれを大切にしているのか、子どもに話します。善悪についても共有します。話に耳を傾け、お子さんの視点を尊重しましょう。信念についてあなたと話し合えると、その子はそれをさらに磨き、発展させたり、幅や深みを持たせたりすることができます。あなたが関心を寄せてくれたことに感謝するでしょう。

●お子さんが自分の価値観を表し、信念に沿って行動できる機会を見つけましょう。たとえば、病院でボランティアをする、キャンペーンのチームに入る、年下の子たちの相談役になる、インターンシップに応募するなどです。似たミッションを持つ人と手を組めると、その子にとって力になり、目的意識と信念も満たされます。

●基本的な価値観が同じで、語りあえる。そんな人を積極的に見つけるよう、お子さんを後押ししましょう。そんな友達と一緒に過ごせると、その子にとっても自己受容につながります。そして、自分の指針をよりよく、より確かなものにするのにも役立つでしょう。

強みへと伸ばすための質問

自分の基本的価値観を書き出してみたことはありますか。一番に浮かぶものは何ですか？

あなたの信念に影響を与えたのは誰ですか。どのように与えてくれたのですか？

あなたの信念は、何かを決断するときに、どのような指針となりますか。あなたの信念に疑問を投げかけられたことはありますか。そのとき、何と言いますか？

尊敬する人の信念はどんなものですか。友人や一番長く時間を過ごす人たちは、同じ価値観を共有していますか？

親密性 Relator

この資質が高い人は、他の人と親しい間柄になることを楽しみます。目標を達成するために仲間と一生懸命働くことで、深く満たされます。

親密性の資質が高い保護者の場合

- 子どもひとりひとりと、定期的に一対一で話す時間を取りましょう。ひとりだけに意識を注げると、お子さんとの絆を強められます。
- あなたは友人と、自然に深い付き合い方をします。育んだ信頼を活かして、効果的なパートナーシップを結びます。他に仲のよい保護者にも声をかけて、チームで子どもの生活によい変化をもたらしましょう。たとえば、道路の安全を強化したり、エクササイズの機会を増やしたりなどもよいでしょう。
- お子さんと仲のよい友人や、その家族と一緒に、家族ぐるみで旅行をすることを考えてみましょう。よその家族と長時間一緒だと落ち着かない人もいますが、あなたの〈親密性〉の資質は喜ぶかもしれません。
- あなたには、子どもと深く、実りある話をする時間が必要です。必ずその機会を作りましょう。長時間のドライブや、夜更けにスナック菓子をつまむのも、お子さんと対話を楽しむ機会になります。

●しっかりとした人間関係を築けば、いろいろな形で子どもたちを助けられます。お子さんの友人の親ともつながりましょう。コミュニティを作り、理解を深めます。よいときも悪いときも機能する、前向きな基盤を作ってください。

親密性の資質が高い子の場合

●親友たちと勉強するグループを作ってはどうか、お子さんに提案してみましょう。仲のよい友達と授業の教材について話せば、より理解を深められるでしょう。

●お子さんは「信頼」について、周りのお手本になれる可能性があることを伝えてください。お子さんが信頼していることを身近な人に示せば、その人も、よりお子さんを信頼するように、そしてより自分も信頼されるようにふるまうようになるでしょう。

●どんなに忙しくても、最高の友とは連絡を取った方がよい、とお子さんに言いましょう。彼・彼女らは子どもの力の源になります。

●カウンセラーや同級生、以前習った際に好感を持った先生などのサポートを得て、時間をかけてお子さんをひとりの人間として知ろうとしてくれる先生を探しましょう。先生が子どもに関心をもっていると、授業はよりよい経験となるでしょう。

●誰かにがっかりさせられると、子どもはそれを深刻にとらえ、その人と友達を続けることに不安になるかもしれません。大切な関係を見限らないために、周りの事情を考えるように、そしてその価値がある相手ならもう一度信頼するように、伝えましょう。

強みへと伸ばすための質問

あなたがよく一緒にいる友人や同僚は誰ですか。それぞれの一番好きなところは何ですか？

あなたは、会った人のことをどのように知っていきますか。関係を深めるために、自分について詳しく自己開示しますか？

「友達になる」とはあなたにとってどういう意味ですか？

人生において大切な人たちに、あなたがどれだけ気にかけているのかをわかってもらうにはどうしたらよいでしょうか。一番親しい関係をさらに深めるために何ができますか？

成長促進 Developer

この資質が高い人は、人の潜在的な可能性を見つけ、育みます。わずかな成長の兆しに気づき、進歩がわかる証を得ると満ち足りた気持ちになります。

成長促進の資質が高い保護者の場合

- あなたが望むのは、お子さんを子どもらしくさせることです。それにより満たされます。そのことに誇りを持ちましょう。それがお子さんの成長と発達に必要不可欠な時間だということを知っているのです。
- 忘れずに、自分を成長させてください。常に、1、2名のメンターをつけて、頻繁に会いましょう。彼・彼女らが、あなたが自分の才能を理解し、伸ばす助けをしてくれるからこそ、あなたはお子さんの学びと成長を助けることができるのです。
- スポーツが好きなら、ボランティアでお子さんのスポーツチームのコーチを引き受けてみましょう。あなたの〈成長促進〉の資質に、スポーツのスキルや知識をかけ合わせれば、コーチとしての強みとなるでしょう。
- あなたがお子さんの学びや成長を助けたときや、その発達に好影響を与えたときなど、すべてをリストに書き出してみましょう。リストを頻繁に見返して、あなたがお子さんに与えている影響力が非常に大きいことを自分に思い起こさせましょう。

●生活面で、お子さんの成長に気づいたら、それを本人に伝えましょう。実際に見たことを具体的に伝えるのです。詳細に観察して伝えることで、その子は自信を強め、ますます成長するでしょう。

成長促進の資質が高い子の場合

●メンターや家庭教師をやってみるように、お子さんを後押ししましょう。お子さんがどのように他の人の成長や学びを助けたか、観察して具体的に伝えてください。後輩に授業を教える、音楽のレッスンをする、スポーツチームのコーチをするなど、やってみたいことはないか聞いてみましょう。

●お子さんは、いつでも人の一番よいところを見ています。ですからその人が苦戦していたり、適任ではない役割に就いていても、気がつかないことがあるかもしれません。時には、次に移るのを助けることも、人の成長につながる最善の方法なのだとお子さんにわかってもらいましょう。

●お子さんは、背伸びした目標に挑戦することは違いを生む、という考えを持っています。他の人に挑戦させるよう、お子さんを後押ししましょう。お子さんの応援や自信があると、他の人は元気が出るし、求めているのだとわかってもらいましょう。

●お子さん自身が教えてみたい相手や、トレーニングをしたい相手はいないでしょうか。人を育てたり、サポートしたりする機会があると、大きく満たされるでしょう。

●お子さんの個人的なミッションについて聞いてみましょう。ミッションに、〈成長促進〉の資質をどのように活かしたら、他の人の生活にも意味のある変化をもたらせるかを示してください。

強みへと伸ばすための質問

他の人が成功していることは、どのようにして分かりますか。どんな言葉をかけて後押ししますか？

最近、誰かを認めたり、褒めたりしましたか？

今週、誰かに何か新しいことを教えましたか。スキル習得やプロジェクト、活動において、あなたのサポートを必要としている人は誰でしょうか？

人を助けることの、どこが一番好きですか。あなたの成長を助けてくれた人は誰ですか？

責任感 Responsibility

この資質が高い人は、自分がやると言ったことに対して当事者意識を持ちます。また、正直さや忠誠心など、変わらない価値観を大切にしています。

責任感の資質が高い保護者の場合

●コミットメントがあなたの原動力です。あなたがする約束とは、あなたが感じる責任とはどういうことかをお子さんに伝えましょう。あなたが何に責任を持って関わり、それがなぜあなたにとって重要なのかを伝えてください。

●時には、仕事のためにお子さんの依頼を断らなければならないこともあるでしょう。同じように、必ず、時にはお子さんのために仕事を断りましょう。

●仕事や何らかの活動に追われているときは、きちんとその理由をお子さんや家族に説明してください。なぜ責任を感じているのかも話しましょう。生来の誠実さを活かして、信頼のお手本を見せましょう。

●責任は当事者意識を持つことで生まれます。子どもに指示するだけでは、意味のある選択肢を与えるほどには責任感は強くなりません。それを念頭におきましょう。

●学校、クラブ、チームなど、信頼できる保護者のサポートを必要としている団体はたくさんあります。あなたやお子さんにとって重要なプロジェクトをしているグループを探しましょう。あなたの〈責任感〉の資質は、グループが重要な目標を達成するのに貢献するでしょう。

責任感の資質が高い子の場合

●お子さんの年齢と能力に適した責任を与えましょう。必ず子どもにとって意義があり、真の責任を実感できる仕事を任せるようにしてください。

●子どもは、責務をまっとうするための独立性と自由を持たせてもらえたときに、最も成果を出します。プロジェクトに取り組んでいる最中は任せ、最後のみチェックすることを、あらかじめお子さんに伝えましょう。

●お子さんは必ず最後までやり遂げる、信頼できる人です。同時に、もしその子が多くのことをこなしているなら、時間管理のサポートをしなければいけないかもしれません。

●お子さんに、「やることリスト」を作り、終わった項目に印をつけるように勧めましょう。やることリストは、本人のやる気と満足感を高めてくれるでしょう。

●あなたのお子さんは、実際の年齢から考えるよりずっと頼りになるかもしれません。彼・彼女らは約束を果たすことで生き生きとします。そしてその才能によって、年齢以上に誠実な存在であるでしょう。

強みへと伸ばすための質問

いま、何に責任を感じていますか？
罪悪感を抱いたことはありますか。何に対して、どんなときに感じましたか？
学校や家、職場でもっと責任を任されたいですか。どのようにすればよいでしょうか？
他の人と結んだコミットメントや約束を果たしたときは、どのような気分ですか？

戦略性 Strategic

この資質が高い人は、ゴールにたどり着くための代替案を生み出します。どんな状況に直面しても、関連するパターンや問題点がすぐにわかります。

戦略性の資質が高い保護者の場合

●あなたの資質は、複数の選択肢が見えたり、考え出したりできます。その才能を活かして、子どもが次にどうしたらいいのかわからないときに導きましょう。あなたは客観的に「もし……なら」と想定される状況を話せるので、お子さんが何歳であろうと役に立つでしょう。

●お子さんが目標に向かって努力しているときに、アイデアがあれば、子どもがとった方がよいのではないかと思われるゴールまでのステップを提案してみましょう。あなたには、一番うまくいく道筋を見いだす力があります。

●あなたはゴールに至るまでの選択肢をたくさん考えることが好きです。それを、お子さんに伝えましょう。これまでの人生で選択肢を考えたときのこと、特にあなたがいまの子どもくらいの年齢のときのことを話しましょう。

●お子さんも含めて、他の人は、あなたのようにはっきりと戦略的思考の価値をわかっていないかもしれません。ですから、あなたの計画と、それが最善の成果につながると思う理由を説明できるように備えましょう。あなたに見えている「この先に起こること」はどうやったら伝えられるのか、方法を学ぶことも大事でしょう。

- どうしたら、お子さんや家族との時間を最適化できるでしょうか。「もし……なら」を自分に問いかけてみましょう。「もし、○○の時間を減らして、その分▲▲の時間を増やしたらどうだろう?」。想定したことが、お子さんや家族にどのような変化をもたらすか、何通りも考えてください。

戦略性の資質が高い子の場合

- 〈活発性〉〈達成欲〉の資質の高い子と協力しましょう。あなたのお子さんが最善の道筋を見つける一方で、〈活発性〉〈達成欲〉の資質の高い子は、お子さんが必ず行動し、ゴールに到着するように助けてくれます。
- 頭に目標が浮かぶと、子どもはそこに到達するための道筋をふるいにかけ始めるでしょう。子どもが最善の選択肢を考えられるように、できるだけ多くの情報を集めるのを助けましょう。
- さまざまな状況での代替案について話している、課題を終わらせるために、問題をどうやって解くか話している……こうした会話にひきこまれているときに、お子さんはとてもエネルギーが湧いてくることを担任の先生に伝えてください。このような具体的な話し合いができると、子どもの戦略的思考は刺激を受け、磨かれるでしょう。
- お子さんの〈戦略性〉の資質を信じましょう。この才能や、子どもがした選択を理解できないときもあるかもしれませんが、子どもの脳が戦術的な思考に適している可能性は高いです。彼・彼女らが自分の計画に自信を持って、他の人と共有できるように、後押ししましょう。

●大事な取り組みをしていると思うグループに、お子さんが参加できるようにしましょう。子どもがみなで戦略を練ることができる、実際の問題やニーズは何でしょうか。子どもの戦略的思考は、社会的な目的のために大きく貢献できるでしょう。

強みへと伸ばすための質問

最近どんな目標を達成しましたか。そのために、どのように道を選びましたか？

他の人が一部しか見ていないとき、彼・彼女らが全体像を見られるように助けるにはどうしたらいいですか？

友人や同僚が決断をくだすのを助けたことがありますか。どのように助けましたか？

あなたの「もし……なら」思考を、今日達成すべきことにどのように適用できますか。今週達成すべきことにはどのように適用しますか。今年達成すべきことにはどうでしょうか？

達成欲 Achiever

この資質が高い人は、熱心によく働き、スタミナに溢れています。忙しくしていたり、生産的であったりするときに深い充実感を得ます。

達成欲の資質が高い保護者の場合

●毎日の「やることリスト」に、必ず子育てを入れましょう。この資質にはスタミナがあるという特徴があります。ですから、子育てというマラソンを走り続けるのに活かしましょう。すばらしい子どもを育てること、これ以上の偉業はありません。

●あなたが頑張って仕事をやり遂げようとしている姿をお子さんに見せましょう。子どもは、一生懸命働くということがどういうことなのかを理解するでしょう。

●プライベートの「やることリスト」を作成して、そこにお子さんにとって大切な活動を入れましょう。学校のＰＴＡ、スポーツチーム、音楽の習いごと、などとリストに入れて参加します。

●理解すべきは、「自分は他の人よりも、働きたい、頑張りたい、という気持ちが強いのかもしれないので、自分は他の人ほど休まなくても大丈夫なのだ」ということです。これを認識していれば、お子さんや家族が自分ほど熱心でなくても、受け入れられるでしょう。

●その週に学んだことの中で、最も大事な事実、概念やアイデアは何か。お子さんがそれを特定するサポートをしましょう。そうすることで、学習の進捗状況を把握しやすくなるうえに、親子で一緒に進歩していると感じられるでしょう。

達成欲の資質が高い子の場合

●具体的な目標を掲げていて、結果を出しているグループやクラブに参加することをお子さんに勧めましょう。話し合いが中心のグループよりも、実際に目標を実現するグループに所属する方が、お子さんも楽しいでしょう。

●あなたの「やることリスト」をお子さんに見せ、お子さんの毎日または毎週のやることリストには何があるかを尋ねます。もし、自分のリストに書いてあることを全部やり遂げたいと言ってきたら、どのように助けたらよいか考えましょう。お子さんに質問して、優先順位付けをサポートし、一緒にできるプロジェクトがあるかどうかも確認しましょう。

●理解すべきは、お子さんは大人ほど、時間や学校、勉強、プロジェクト、その他、習いごとなどの活動をマネジメントした経験はないということです。やりたい気持ちはあるかもしれませんが、けれども「やることリスト」の項目をやり遂げられるように、あなたが道を整えることも必要です。

●一日の終わりに、お子さんが成功したことを伝えましょう。毎週末、本人にやり遂げたことについて尋ね、それを大切なこととして受け入れ、承認しましょう。自分の成果にもっと気づけるように、あなたがお子さんの成果に気づいていることを伝えるのです。

●お子さんの成果を一覧にしましょう。たとえば、壁一面に写真を貼る、ポートフォリオを作成する、日・週・月ごとの成果をリストにする、冷蔵庫にきれいに成果を飾る、など。年齢や段階に合わせて、その子の成果をディスプレイする方法を見つけましょう。

強みへと伸ばすための質問

いま、取り組んでいる具体的な目標は？

学校や職場で、今週何かを達成するために、誰か他の努力家と組むことはできますか？

あなたがいま、学校や職場、家庭での課題をひとつあげてください。それを乗り越えるためにどのような対策を取っていますか？

次のことに挑戦する前に、達成したことをお祝いしていますか？

着想 Ideation

この資質が高い人は、アイデアを生み出すことに魅了されています。まったく異なるように見える現象のあいだにつながりを見いだすことができます。

着想の資質が高い保護者の場合

●お子さんが何かに取り組む際には、あなたの〈着想〉の資質を活かして、画期的なやり方が生まれる手伝いをしましょう。寄付金集めや学校のプロジェクト、お泊まり会、部屋の模様替えなどにも活きるはずです。

●お子さんは、何に興味を覚えているでしょうか。何をするのが好きでしょうか。彼・彼女らが楽しんでいることについて、時間をかけて探求し、あなたの新しい視点をお子さんと分かち合ってください。お子さんは自分が関心を持っていることについてはっきりとわかったり、さらに興味を深めたり、または新たな方法で見たりできるようになるでしょう。

●お子さんから聞いたアイデアをまとめておきましょう。そしてときどき見返して、集めたすべてのアイデアをお子さんや家族と話しましょう。子どもは忘れているかもしれないので、思い出すことで再び興味が湧き、行動を取るきっかけになるかもしれません。

●家族で過ごす時間のアイデアはありますか。子どもや家族と一緒に、やってみたい活動はあるか、参加したい組織やイベントは何か、楽しくアイデアを出し合いましょう。
●あなたは、物事に対してたくさんの見方ができますし、いくつもの異なる視点から考える能力もあります。それを活かせば、お子さんの視野を広げることができます。世の中にはさまざまな幅広い考え方や意見があることを示しましょう。

着想の資質が高い子の場合

●試験や期末レポートだけではない、生徒をクリエイティブなプロジェクトに参加させる先生のいるクラスを見つけましょう。このようなクラスで、お子さんは構想を適用する自由を満喫できます。さらには他の生徒の創造性も高めるでしょう。
●お子さんのパートナーになり、彼・彼女らのアイデアを、構想から現実のものにしていきましょう。子どもにアイデアがあったらそれを書き留めてもらい、さらに実現するために必要な行動を箇条書きにして行きます。
●お子さんの〈着想〉の資質を信じ、時間をかけて取り組ませましょう。いいアイデアがあったら、それをまとめ、とっておくことを勧めましょう。後で見返してさらに広げることができます。その時点ではまだ実用的でなかったり適用可能なように思えなくても、後で大きく膨らむかもしれません。
●お子さんの〈着想〉の資質を刺激しましょう。読書やネットサーフィン、アイデアについて他の人と話し合うなどの時間を子どもに取らせ、この資質の糧にします。こうした活動から新しいアイデアの素を得ることができ、考えも練られるでしょう。

- お子さんが熱中し、クリエイティブな才能を活かせるクラスやクラブ、プロジェクトを見つけましょう。たとえば、作文、写真、グラフィック、絵画、デザインなどはどうでしょう。その子の〈着想〉の資質を、活性化してくれるでしょう。

強みへと伸ばすための質問

どんな新しい構想にワクワクしていますか。アイデアを出し合える場所はありますか。自分の考えを誰かに話しましたか？

いつ、どのように、最高のアイデアが浮かびますか。今日一番のアイデアは何ですか。誰かよいアイデアを話していましたか？

どのようにすれば、あなたのクリエイティビティを、地域社会や近所、または学校をよりよくするために活かせるでしょうか？

自分の考えや関連づけたことを、記録していますか。その後の経過は追っていますか？

調和性 Harmony

この資質が高い人は、意見の一致を求めます。対立は好きではありません。それよりも、全員が合意できる部分を探します。

調和性の資質が高い保護者の場合

●あなたの穏やかで地に足のついたアプローチを活かして、お子さんや家族、職場、友人関係に安心感と実用性をもたらしましょう。

●お子さんの習いごとやグループ、クラブなどで、リーダーシップを取ってください。あなたの〈調和性〉の資質は、みなをひとつにまとめ、スムーズにグループ目標に向かわせます。

●あなたは、たいていの人よりも、自然に中立の立場を取れるでしょう。ですから、衝突が避けられないときには、調停役になり子どもを助けましょう。煽るのではなく、お子さんがどうやったら平和的で公正な解決策を生み出せるか、学ぶのをサポートするのです。

●お子さんが誰かと言い争っているときは、合意できる部分はどこか、見つけられるように助けましょう。双方の共通点がわかると、問題の完全な解決にはならないかもしれませんが、協力するための出発点になり得ます。

●決断をくだしたり、行動したりしなければならないとき、人と協力すれば一番うまくいくというのがあなたの考え方です。ですから、子育てに関する決断は、パートナーとチームを組んで一緒にくだしましょう。そして家族の話し合いにはお子さんを参加させてください。家族全員に質問をして、みなが情報や洞察を話してくれると、あなたの気持ちはずっと充実するでしょう。

調和性の資質が高い子の場合

●お子さんには、グループに平穏と合意をもたらす能力があることに気づきましょう。仲間内や教室内、どこであろうと、〈調和性〉の資質を活かせば、みなが合わないところではなく、合うところを見いだせるので、すばやい解決につなげられます。

●お子さんに多文化の集まりに参加することについて話してみましょう。そこで、異なる背景を持つ人々が力を合わせ、お互い感謝できるように助けられるでしょう。最初に思ったよりも、自分たちには多くの共通点がある、と相互理解を進めることができます。

●チームや学校、地域のグループで、お子さんがリーダーシップの役割につくように後押ししてください。お子さんは、みんなを目標に向かって協力させることができ、その行動によってすべての人を参加させ、すべての人に恩恵があるようにできるのです。

●学校で、チームでプロジェクトや課題に取り組むときは、まず先生が求めることをきちんと把握するよう、お子さんに話しましょう。こうしたコミュニケーションがあると、メンバー間での混乱や行き違いを防ぐことができ、みんなのストレスが少なくなります。

●お子さんは、何かを拒否する際、あなたの助けがいるかもしれません。あるいは参加しない理由が必要かもしれないことに留意してください。お子さんにとっては、ただ断って事を荒立てるよりも「親がいいと言わないから」と言う方が、安心できるでしょう。

強みへと伸ばすための質問

あなたは争いごとに対して、どのように対応しますか。避けますか、それともみんなにとってよい方法を探しますか？

あなたはどんなグループ、クラブ、チームに所属していますか。どのようにしたらグループのメンバーが、感情的にならず、事実に基づき意見を出し合えるようにできるでしょうか？

誰かが言い争ったり、ずっと議論が続いていたりするとき、どのようにして彼・彼女らが合意点を見つけるのを助けますか？

行動できる現実的な事柄に、どうやって意識を向け続けていますか？

適応性 Adaptability

この資質が高い人は、流れに身を任せることを選びます。「いま」を生き、起こったことをあるがままに受け入れて対応します。この人にとって未来は、一瞬を積み重ねた先に現れるものなのです。

適応性の資質が高い保護者の場合

●自分の才能に備わっている柔軟性のすばらしさを理解しましょう。子どもとの生活は驚きの連続で、予想もつかないことが起こります。このような刻一刻と変化する環境で、あなたはきっと生き生きとするでしょう。

●親であることの一瞬一瞬の喜びを噛み締めましょう。あなたなら、お子さんのニーズに対応することを、迷惑だとか、自分がやっていることを中断されたなどと思わないでしょう。

●プレッシャーがかかったときこそ、自分の真価が発揮されると自覚しましょう。あなたは変化する要求にすばやく適応する能力を持っています。お子さんがプレッシャーで動けないときに、落ち着かせて、自信を蘇らせることができるでしょう。

●たいていの人は、思い立って行動するよりも、スケジュールのような仕組みや、決まりごとがあることを好むでしょう。それを理解しましょう。あなたが偶発的なできごとが好きだからこそ、その瞬間を最大限活かせ、存分に楽しめるのだと子どもたちに説明しておきましょう。

●時に子どもは、スケジュールや家事、決まりなどを変更することのメリットがわからないことがありますから、あなたの直感的な洞察を共有しましょう。なぜあなたが調整した方がよいと思ったのか、それがお子さんにどのような恩恵をもたらすか、理解してもらうのです。

適応性の資質が高い子の場合

●あなたのお子さんは即座に反応し、対応するのが得意です。子どもが最も生産的になる可能性が高いのは、緊急対応や即座の行動が求められる短期的な課題です。そのことを考慮して、授業やプロジェクトを検討しましょう。

●クラブやチームに入るよう、お子さんを後押ししましょう。お子さんの持つ柔軟性は、どんなグループにもポジティブな変化をもたらせることを気づかせてください。物事が予定通りにいかなくても、新しい状況に合わせて調整し、進められます。

●お子さんが自分にとって最善の利益につながる選択をするうえで、あなたが助けなければいけないこともあるかもしれません。それは、優先度の高いことを終わらせるために、時には断る必要があることをわからせるということでもあります。質問をしたり、いくつかのシナリオを示したりすれば、練習になり、子どもはすぐに適応するでしょう。

●1週間の予定に変化を加えるよう、お子さんに提案してみましょう。授業でも宿題でも、複数の課題があるときの方が生産的になるでしょう。

●物事がうまく収まるのには理由があることを、お子さんに気づかせましょう。うまくいったのは、単に運がよかったのではなく、状況が変化しても適応できるお子さんの特別な能力の結果である、とわからせるのです。そして、その柔軟性の価値を認めましょう。

強みへと伸ばすための質問

今日、やらなくてはいけないことは何ですか。今日、何に対応する必要がありますか？

友人や家族、同僚が変化する状況におろおろしているとします。自分の能力をどのように活かせば、安心させることができるでしょうか？

長期的な目標を立てるために、相談するとよいパートナーは誰ですか？

今日は何かに柔軟に対応しましたか。何が起こり、どのようにうまくいきましたか？

内省 Intellection

この資質が高い人は、知的な活動をするのが特徴です。自分の思考を内面で深く顧みることが多く、同時に知的な議論を楽しみます。

内省の資質が高い保護者の場合

- 必ず、ひとりになって考えられる時間と場所を持ちましょう。それは、早朝かもしれませんし、夜子どもを寝かしつけた後や、通勤中でも、運動しながらでもよいでしょう。この時間を持てると、子育てに関しても賢明な、考え抜いた判断ができるようになります。
- あなたはすばらしい質問を思いつきますし、それを尋ねることも好きです。ですから、お子さんに対する質問をいくつか膨らませて、助けが必要な分野について聞いてみましょう。質問の形をとれば、話し合いもぎくしゃくせずに進みますし、本人に何が一番自分のためになるかを考えてもらうことができます。同様に、家族全員に尋ねる「今週の質問」を考えるのもよいでしょう。
- あなたがいま考えていることや、それがお子さんにどのような恩恵をもたらすか、考えを書き留めておきましょう。そして、必ずお子さんと共有します。夕食時の会話や、長時間ドライブ中の話題に活用できます。
- お子さんや家族、あるいは自分の子育てのスタイルについて、書くための時間を取りましょう。書く、記録するなどは、思考をまとめて深めるのにとてもよい方法です。

- 哲学的、理論的な会話ができると、あなたの思考や意思決定によい刺激をもたらします。お子さんや家族、子育てに関する話題について、この人と定期的に意見を交わしたい、と思える仲間を探してください。

内省の資質が高い子の場合

- お子さんは何について一番関心があるでしょうか。関心のある分野の質問をしたり、問題を出したりして、子どもに挑戦しましょう。集中して考えさせるのです。
- 考える時間が欲しいという、お子さんのニーズを尊重します。子どもが一番よく考えることができるのは、どんな状況でしょうか。ひとりで考えるときでしょうか、それとも誰かと一緒のときでしょうか。静かな環境、それとも騒がしい環境でしょうか。動いているときでしょうか、座っているときでしょうか。具体的な場所や時間帯があるでしょうか。家でも思いを巡らす場所が見つかるようにサポートして、必要な時間を取れるようにします。
- お子さんが関係を育めるような相手、つまり物事を深く、広く、大きく、よく考える人（おそらくお子さん自身も）を見つけましょう。アイデアを出し合うというチャレンジも楽しめるでしょう。また、自分の考えに磨きをかける方法を学べるかもしれません。
- レポートを書いたり、課題に取り掛かったりする前に、考えたり計画を立てる時間を意識してとるように、お子さんに伝えてください。いきなり取り掛かるよりも、先に考える時間があった方が、より楽にできるでしょう。

●毎日、子どもの頭の中にあることを話してもらう時間を取りましょう。お子さんは自分の考えを話したり、質問したり、アイデアを広げたいかもしれません。話を聞き、さらに、あなたも思ったことや質問をしたりして、お子さんの知的な活動を活性化してください。

強みへと伸ばすための質問

あなたにとって、問題を考え、取り組むのに一番よい時間はいつですか？
どんなビッグアイデアについて考えたり、議論をしてみたいですか？
誰が、またはどのクラスや活動が、あなたの思考を刺激しますか？
何に、または誰に、知的に刺激を受けますか？

分析思考 Analytical

この資質が高い人は、理由や原因を追求します。状況に影響を及ぼし得るすべての要因を考える能力があります。

分析思考の資質が高い保護者の場合

●人生とは複雑なものです。お子さんがそのことを理解できるよう、サポートしましょう。さまざまな状況について、また、その子がくださなければいけない決断について、そのよい点と悪い点を、客観的に話してあげてください。

●子育ては感情的になることが多いものです。あなたは本来、偏りのない見方ができます。子どもに感情的になりやすいときこそ、理性と客観性を大事にしてください。

●あなたのパターンを見いだす能力は、お子さんの先生との連携にも役立つでしょう。たとえば、先生との面談ではどうしたら子どもがもっと学べるかについてのヒントを集められます。また、先生の〝教える才能〟は何かも探ってみましょう。そうすれば、それがどのようにあなたのお子さんに活きるかということも考えられます。

●何かが起こってお子さんが混乱したり、うろたえていたら、その子が状況を理解できるように、質問をしたり、起こったことを論理的に説明したり、あなたの客観的な意見を話しましょう。

●お子さんがキャンペーンやプロジェクトを企画しているなら、情報収集を手伝ったり、成功のカギとなりそうなパターンを教えたりできるでしょう。特に、お子さんがプロジェクトをどうしたらいいかわからなくなっているときは、彼・彼女らのアイデアをステップに分解したり、スケジュール化したりするなどして、助けられるでしょう。

分析思考の資質が高い子の場合

●あなたは必ずしもお子さんの意見に賛成ではないかもしれません。それでも、真剣に受け止めてください。おそらく、とても入念に考え抜いているからです。

●〈分析思考〉の資質の高い子にとって、間違いがないこと、精密であることは重要です。ですから、お子さんは、期限を守ることよりも、プロジェクトや課題を正しく仕上げるほうに気が行きがちです。提出日はわかっているか、プロジェクトを終わらせるのに十分な時間があるか、お子さんに定期的に確認しましょう。

●あなたの決断をお子さんに説明するときは、必ず理由も伝えましょう。たとえ説明のしすぎになってもいいので、根拠をきちんと示します。〈分析思考〉の資質の高い子は、客観性を示されると受け入れやすくなります。あなたの決断を尊重してくれるはずです。

●家庭のことでも仕事のことでも、何か決めるときはお子さんに助けを求めましょう。どう考えるか聞いてみると、自分で考えるスキルを練習し、磨く機会になります。同時に、あなたがその子の分析的な思考プロセスをわかっていて、敬意を払っていることが本人に伝わるでしょう。

●学校の先生に、お子さんの〈分析思考〉の才能について説明してください。そして先生には、お子さんにいつもきちんと理由を説明することを依頼しておきます。そうすることで、子どもの知りたいというニーズは満たされ、先生にとっても、より適した教え方がわかるのです。

強みへと伸ばすための質問

どのようなウェブサイトや本、人を、信頼できる情報源としてよく使っていますか？

分析したデータや、発見したパターンについて、誰と話すのが好きですか？

あなたが知っている情報や事実を共有したら、恩恵を受けそうな人は誰でしょうか？

今日、誰かに質問をしましたか。よい答えはありましたか。その答えからどんな結論を出しましたか？

包含 Includer

この資質が高い人は、他者を受け入れます。輪に入れていないと感じている人の存在に気づき、仲間に入れようと努力します。

包含の資質が高い保護者の場合

- 家族でする活動やイベントには、必ずお子さんたち全員に声をかけましょう。子どもが実際に参加するかどうかではなく、誘われたことが大切なのです。
- 包括性の見本を見せましょう。職場でもどこでも、あなたが誰かを仲間に加えて、よい変化が生まれた具体例を子どもに話すのです。グループにさまざまな人がいると、より効率的に仕事を終わらせられることを説明してください。
- 外の人を歓迎する家族になれるようにみんなで取り組みましょう。家族での活動に、友人や近所の人を誘うことを提案してみてはどうでしょうか。喜んで参加してくれそうな人はいますか。参加すると、あなたの家族の輪を広げて、より豊かにしてくれる人はいるでしょうか。
- お子さんに、包括的であることが大事だと感じる理由を説明しましょう。若者は、日頃から拒絶されたり、誰かが拒絶されているのを目の当たりにしたりします。「輪を広げる」ことがどのような違いを生むのか、考えられる機会を作りましょう。

●大勢の人が集まるイベントや、社会活動の企画に率先して取り組みましょう。あなたは、通常は会うことがないような人たちの間を取り持つ、すばらしい架け橋になることができるでしょう。

包含の資質が高い子の場合

●学校や近所、チームに新しくきた子を積極的に歓迎するように、お子さんを後押ししましょう。お子さんは新しくきた人の不安な気持ちに敏感なので、その子がのびのびと過ごせるように助けるでしょう。

●学校や地域社会のグループや委員会で、文化の多様性を奨励する機会はないか、お子さんに聞いてみましょう。お子さんは、大きな変化をもたらせるでしょう。人々の意識を醸成して、ありとあらゆる人が歓迎されるように行動するはずです。

●お子さんを、経験豊かな〈包含〉の資質の高い人と会わせましょう。どの先生や生徒、地域のリーダーが、他人を引き入れる能力のある人として尊敬できますか。あなたの子どもの才能を刺激し、育ててくれるでしょう。

●心に留めておいてほしいのは、お子さんが内輪の集まりを企画したり、特定の人だけが入れるクラブやチームに参加したりするには、助けが必要かもしれないということです。なぜなら、誰も省きたくないのです。ただ人数が多ければ必ずしもよいわけではないので、全員がリストに入っていないときは、論理的な結論をくだすのに助けがいるかもしれません。

●学校や友達、または近所で誰か、輪から外れている人がいないか聞いてみましょう。その人を入れるにはどうしたらよいでしょうか。輪に招待してくれる人に協力を求めなければならないかもしれません。

強みへと伸ばすための質問

最近、誰かを「自分はグループの一員だ」と感じられるように助けましたか。日々の生活や活動において、どうすればより多くの人を輪に入れることができますか？

多様な文化や背景を持つ人たちを招いたことがありますか。そのとき、どのように感じましたか？

学校や職場にある派閥や排他的なグループが包括的になるために、どうやって後押しできるでしょうか？

あなたは「聞いてもらえない意見」のために、喜んで発言しますか。どうすれば、すべての人の声を代表させることができるでしょうか？

ポジティブ Positivity

この資質が高い人は、熱意を周囲に伝播させます。前向きで、自分がやろうとしていることに対して、周囲を乗り気にさせたり、心待ちにさせたりすることができます。

ポジティブの資質が高い保護者の場合

- あなたの持つポジティブさは、一緒にいると最高な気分になります。ですから、毎日お子さんを笑わせましょう。そうすれば、喜びや楽観的な姿勢がなくなってきたとき、お子さんはあなたのところに戻ってくるでしょう。
- よいときも悪いときも、あなたの〈ポジティブ〉の資質をお子さんや家族のために役立てましょう。あなたの常に前向きな視点があるからこそ、彼・彼女らはゴールを諦めず、そして希望を持ち続けられるのです。
- お子さんや家族が弱気なときは、状況に明るい面があることや、他の人によいところがあることに目が向くようにサポートしてください。
- お子さん、家族、地域、子どもの学校のために、お祝いイベントを企画しましょう。どんなお祝いであれ、あなたにはイベントや活動を楽しく、記憶に残るものにする力があるのです。
- 状況でも人でも、最もよい面に注目すると、よりよい成果につながることをお子さんに教えましょう。前向きでいることの価値がわかるような具体例を話してください。

ポジティブの資質が高い子の場合

●お子さんには、他の子にとって学びを楽しいものにする力があります。そのことを本人に気づかせましょう。どのようにしたら、子どもが褒めたりワクワクすることで、自然にクラスメイトを元気づけたり、刺激を与えられるか、先生と話し、アイデアを共有しましょう。

●お子さんは、〈ポジティブ〉の資質をいろいろな方法で表すことができます。誰かが希望や励ましを必要としているとき、その子が気づけるように助けてください。きっとうまくいくという、生来の楽観性を活かしてその人たちを元気にできるようにサポートしましょう。

●家族、学校、地域社会などでのお祝いイベントの企画にお子さんの力を借りることを考えてみましょう。子どもには、ちょっとした成果を、思い出深いできごとに変える力があります。加えてみんな、そこで承認されるのを楽しみにするでしょう。

●お子さんの資質を活かせるようなプロジェクトやグループはないか、先生やスポンサーに聞いてみましょう。子どもが持っている情熱は、人が挑戦に立ち向かい、目標を達成し、さらにそこに至るまでの過程を楽しむのを助けることができるのです。

●お子さんはどんなグループにもポジティブなエネルギーをもたらせます。それにより、みな、展望と希望を持つことができます。きっとうまくいくという姿勢と熱意が、真の意味で変化をもたらすことを、子どもに気づかせましょう。

強みへと伸ばすための質問

最近、友人や家族が楽しいときを過ごすために、どのようなサポートをしましたか？

困難なことにぶつかったら、どう感じますか。その気持ちをどのように対処するのですか？

人生に対するあなたの楽観的なとらえ方に、他の人は気づいていますか？

直近で、どんなときに他の人を笑顔にしたり、笑わせたりしましたか？

未来志向

Futuristic

この資質が高い人は、もし未来がこうなっていたら、ということに思いを馳せることで、意欲やひらめきを得ます。未来へのビジョンを語ることで、周囲の人をワクワクさせます。

未来志向の資質が高い保護者の場合

●お子さんが将来どんな人になっている可能性があるか、あなたには子どもより先にビジョンが見えるかもしれません。あなたに見えるものを詳しく説明し、そのビジョンについて話し合えば、お子さんにもイメージできるようになるでしょう。

●明日というのはずいぶん先のことのように思える子も多いものです。お子さんが大きな家族行事が待ちきれない様子なら、詳細を話して、何を見たりしたりするのかイメージを持てるようにしましょう。集中できる具体的な題材を与えれば、あっという間に時間が過ぎるかもしれません。

●あなたの昔の夢をお子さんに話しましょう。大人になったあなたの人生は、若い頃に抱いたビジョン通りではないかもしれません。しかし、夢がどのように選んだ道を切り開くのに役立ち、いまの人生に導いてくれたのか、子どもに話しましょう。

●時とともに家族が増えたり、家族に変化が起きたりすることもあるでしょう。その都度、あなたが抱く考えやアイデア、希望、夢について、お子さんに詳しく話してください。あなたが心に描く活動や、なぜそれを楽しく、挑戦しがいがあり、または有益だと思っているのか、語りましょう。

- 大変なときこそ、あなたの未来へのエネルギーを、お子さんに意欲を吹き込むために使いましょう。家族の夢は何か。今日する活動が、どのように彼・彼女らを未来につれて行ってくれるのか。お子さんに気づかせましょう。

未来志向の資質が高い子の場合

- お子さんが未来について考える時間を取りましょう。そうした時間を取れば取るほど、より具体的なアイデアになります。そしてアイデアが具体的であればあるほど、説得力が高まります。それを気づかせましょう。「大きな夢」を抱く後押しとなるのです。
- お子さんは1年後、5年後、10年後に何が起こると思っているでしょうか。書き出してもらいましょう。それを取っておき、その年月が過ぎたらもう一度見返します。あなたもお子さんも、予想がどれだけ現実になったかワクワクしながら確認できるでしょう。
- お子さんは、他の人の〈未来志向〉の資質がわかるでしょう。あなたのお子さんが、他の人の〈未来志向〉の資質を伸ばせるように、後押ししてください。相手の夢や、将来がどうなっていると思うか話してもらいましょう。
- 〈未来志向〉の資質を持つ先生を探し、つながりましょう。先生はあなたのお子さんの先のことを考える才能の価値がわかるでしょう。そして、子どもと同じように、未来がどうなっている可能性があるか、楽しみながら語ってくれるでしょう。

●お子さんが将来の目標や夢について話せる人を見つけてください。友達や家族、先生と一緒に予想することで、目標や夢は念頭にあり続けます。そのため、実現に向かって行動を取ることができるでしょう。

強みへと伸ばすための質問

誰かと将来のビジョンや計画について話し合ったことがありますか？

地域社会や学校に、どんな変化を起こしたいですか。その未来を、どのようにしたら生み出せ、あなたはそこにどう貢献していますか。誰がサポートしてくれるでしょうか？

自分自身や家族のよりよい未来のために、いま、どんな行動を取っていますか？

あなたが就けたらいいなと思う仕事は何ですか。5年後は何をしていることを夢見ていますか？

目標志向 Focus

この資質が高い人は、方向性を定め、そこに向かって一直線に走ります。また、ゴールへの軌道から外れないように必要な調整を行うことができます。優先順位をつけてから行動します。

目標志向の資質が高い保護者の場合

●目標をすべて記録しましょう。そこには必ず、子どもたちひとりひとりの毎日の目標も入れます。途中で頻繁に見返し、目標までの進捗状況を記録します。そうすることで、毎日向上している実感と充足感を得られるでしょう。

●自分がどんな人間になる可能性があるか、どうすればそこへたどり着けるのか、お子さん自身がイメージを持てるようにしましょう。その子のよいお手本となる人を見つけ、一緒に過ごせるようにします。

●お子さんや家族に方向性を示して、家族のお出かけプランを立てたり、家庭内のプロジェクトを完成させたり、家族全員でタスクに取り組んだりしましょう。こうした目標にプロジェクト名をつけて、スケジュールなどの仕組みを示し、みんなをゴールに向かわせましょう。

●お子さんにあなたの「やることリスト」を見せます。あなたのモチベーションが伝わるでしょう。もしかしたら、その子が毎日何を終わらせるかを決める参考にもなるかもしれません。

●もしお子さんがすぐに飽きてしまうなら、あなたの集中力や優先順位をつける力を活かして、お子さんを元の軌道に戻しましょう。

目標志向の資質が高い子の場合

●学校や地域で、お子さんが憧れる人、特にその子が持つ目標を達成した人を見つけましょう。その人が目標に至るまでにどのような段階を経たのか、子どもが尋ねられるようにします。お手本になる人と話せると、成功への道筋が具体的にわかるので、あとは一直線に行動できます。
●毎日、毎週、毎月、または長期の願望や夢を書き出してもらいましょう。そしてそれらの目標に沿った、子どもが選んだ活動に注力できるようサポートしてください。
●個人的なものと、学校に関連するもの、それぞれの長期と短期の目標について、定期的にお子さんと話す時間を取りましょう。そして目標を達成したら、お祝いしてください。特に、厳しい目標を達成したときは必ずです。より難しい目標は、お子さんと一緒に戦略を立てましょう。
●お子さんに毎日完了したことを聞きます。同時にやり残していることについても聞いてみてください。
●お子さんは、どうしたら兄弟姉妹や友達、他の生徒が、自分の目標を設定するのを助けられるでしょうか。お子さんは、どうすればゴールまで軌道を外れず進められるかが自然にわかり、みなが家や学校でやるべきことに集中できるよう助けられます。

強みへと伸ばすための質問

いまの目標は何ですか。誰がそれを知っていますか。その目標にゴールするために、助けてくれるのは誰でしょうか？

将来の自分はどうなっているでしょうか。そのビジョンを達成するために、どのようにスケジュールや目標を設定したらよいですか？

会議、授業、グループプロジェクトなどで、全員がタスクを終わらせるにはどうしたらよいでしょうか？

今日、今週、週末に一番仕上げたいものは何ですか。進捗状況をどのように記録していますか？

付録2

ストレングス・スポッティング

今度、小さな子どもたちが集まるところへ行ったら、初めて会うあなたを見てどんな反応をするか気にしてみてください。固まってあなたをじっと凝視する子。泣き出す子。気にせず遊び続ける子。目を見てにっこりし、あなたの反応を待つ子。そしてその子たちはみんな、次に誰か知らない人が来たときも、きっと同じ反応をするでしょう。人の個性は、小さな頃から表れるのです。

繰り返しになりますが、ギャラップが開発したアセスメントには、15歳以上の大人と子どもを対象とした「クリフトン・ストレングス」と、10～14歳の子どもを対象とした「クリフトン・ユース・ストレングス・エクスプローラー」（英語版のみ）があります。10歳未満の子どもはまだ小さいので、才能を特定するオンラインアセスメントは用意していません。

その代わりに、「ストレングス・スポッティング」という、10歳未満の子どもの才能を発見するためのモデルがあります。これは「クリフトン・ユース・ストレングス・エクスプローラー」がもとになっており、子どもがいろいろな状況で、いろいろな人と交流するところを、何度も観察することで判断するというものです。

子どもの才能を探るためのとても簡単な方法のひとつは、さまざまな状況での子どもの様子をただ観察することです。グループでの遊びのとき、兄弟姉妹や近所の子と一緒のとき、砂場で、サッカー場で、教室で、音楽教室でそれぞれどう振るまうのか。意識して観察すれば、子どもが無意識のうちにどのように考え、感じ、行動しているのかがわかるでしょう。その中ではいろいろな行動や反応を見られると思いますが、状況が違っても何度も同じ反応をするようなら、それが才能の発露である可能性が高いのです。

どれだけ幼い子であっても、少し年上の子どもや大人と同じように、その子が持つ才能特有の反応を見せるものです。それを観察し、話によく耳を傾けることで、彼・彼女らに自然に現れる傾向が見えてきます。

ある暑い日の夕方、私は7歳の子どもたちの野球の試合を見ていました。ある子は、見るからに試合に負けたことに憤慨していました。彼は悔しそうに何度もバットを地面に叩きつけていました。父親が落ち着かせようとハグしましたが、少年はそれを突き飛ばして先に行ってしまいました。その3メートルくらい後ろでは、同じチームの別の子が母親と一緒に帰るところでした。でもその子は「友達と野球するのは楽しいな。アイスクリーム食べよう？」と言いながら、弾むようなスキップで車に向かいました。2人とも同じフィールドで、同じチームで、同じ試合をしていたのです。けれど、負けたことへの反応はとても違いました。7歳でも個性があるのです。

子どもの反応は、才能を示す重要な指標となります。そのほかにも、子どもの好きな活動や関心も、才能を示す手がかりとなります。何をするのが好きですか。何に気を引かれますか。昆虫、車、人形、本、野球、キーボード、お絵かきなどなど、他にもいろいろあるでしょう。また、お子さんは、何かをできるようになろう、と挑戦している最中でしょうか。歩く、三輪車に乗れるようになる、片足とびができるようになる、など。加えて、お子さんが発話できるなら、ただ観察するだけでなく、聞いてみてもいいでしょう。子どもの興味や関心に注意を払うことは、その子の成長を促す方法を考えるのにも役立ちます。また、新しいことを教えたり、何かを強化したりするときにも、子どもの関心のあることを使えば、そのプロセスを早められます。

幼稚園の先生であるダイアンはこういいます。

「次のように考えてみてください。あなたが大人としてやっていて楽しいと感じること、自然に上手にできることは何ですか？　私は絵を描いたりものを作ったりすることが好きで、クリエイティブな学ぶ人です。創造的なことにエネルギーを使えると、とてもワクワクするのです。感性はより鋭くなりますし、豊かにもなります。そして、創造性に役立つことをさらに学びたくなるのです。でも一方で、私は数学が好きではありません。数学は最低限、生活に困らない程度に使います。たとえば記帳して出金の確認をしたり、支払いをしたりしなければなりませんから。それは、私がやらなければならないこと、いわば業務みたいなものです。けれども、何かクリエイティブなことをしているときの数学は、まったく苦ではないのです。だって私のしたいことに役立ってくれるから。布の長さや、モザイク画に必要な石の数なんかは計算しなければなりませんが、そんなときは計算もまったく嫌じゃない。そのプロジェクトにのめり込んでいるからです。

そんなとき、私は一番本来の自分らしくいられます。だって自分がやっているクリエイティブなことにエンゲージしているからです。それは1歳児でも、6歳児でも、十代の子でも同じではないでしょうか」

たとえば、お子さんが大のアメリカンフットボール好きだとしましょう。もしダイアンが彼に算数を学ばせたかったら、「チームがタッチダウンを2回して、追加点を取ったら、得点はいくつになるかな？」といった質問をするでしょう。もし子どもがもっと小さく、数を習い始めたばかりなら、小さなアメフトのボールを使って数を数える練習をするかもしれません。また、読書を促すなら、好きなチームの本や記事を提案するでしょう。

さらに参考までに、公園で遊ぶ幼い子どもたちに、「クリフトン・ユース・ストレングス・エクスプローラー」の10の資質の兆候が現れている姿を想像してください。子どもたちの年齢や成熟度にもよりますが、次のような光景を繰り広げるかもしれません。

クリフトン・ユース・ストレングス・エクスプローラー10の資質

〈オーガナイザー〉＝この資質が高い子は、計画を立て、仕組みや決まりを作ることが好きです。彼・彼女は、全員に何番目なのか確認を取り、みんなが順に並んで遊べるように整えます。

〈思いやり〉＝この資質が高い子は、他の人を助けたり励ましたりすることで満たされます。うんていをつかみたい子を助けたり、膝をすりむいた子のところへ飛んでいって助けたりします。

〈関係力〉＝この資質が高い子は友達を作り、友情を育むのが得意です。この子は、「ねえ、一緒に滑り台に登ろうよ！」「あっちへ行こうよ。一緒に壁を登ろうよ」と誰かを誘うでしょう。

〈競争力〉＝この資質が高い子は、勝つために努力し、多くの活動を試合や勝負のように見なします。まず、ブランコに乗るために競争し、次に誰よりも高く漕ぐために競争します。

〈自信〉＝この資質が高い子は、誰もやっていないことに嬉々として挑戦します。目の前の課題に取り組める自信を持っています。他の子どもたちが高い滑り台を恐る恐る見つめていても、彼・彼女は最初に登って、やってみます。

〈信頼性〉＝この資質が高い子は、頼りにされ、物事をやり遂げる責任を担うことが好きです。彼・彼女は、公園を出る時間になったら責任を持って、自分の持ち物がすべて揃っているか確認します。

〈存在感〉＝この資質が高い子は、関心の的になることが大好きです。うんていでは逆さにぶら下がるだけではなく、「見て！」と叫ぶでしょう。または猿のもの真似をするかもしれません。

〈達成力〉＝この資質が高い子は、何かを終わらせることが大好きで、自発的に行動します。彼・彼女は公園に入ると、いくつの遊具で遊べるか把握しようとするでしょう。

〈発見力〉＝この資質が高い子は、何かを結びつけたり、探求したり、「どうやって？」「なんで？」と質問するのが好きです。彼・彼女はクライミングの遊具を登りながら、一番上まで行くには何通りの登り方があるだろうと考えています。

〈夢想力〉＝この資質が高い子は、次に起こることを考え、将来自分がどこにいるのかを想像するのが好きです。彼・彼女はロケットの遊具のてっぺんに登って、宇宙飛行士ごっこを始めます。

覚えてほしいのは、子どもの才能を見いだすのに一番よい方法は、時間をかけていろんな状況や場面を観察することだということです。すばらしさや優秀さの片鱗を見せたとき、「こんなにうまくできるなんて」とあなたが感心した瞬間。あなたやお子さん自身が驚いたとき。そういった子どもの才能の発露をとらえるには、以下のガイドラインを心に留めておいてください。

1 まず、「クリフトン・ユース・ストレングス・エクスプローラー」の10の資質を理解する。アセスメントを受ける準備ができていない低年齢の子どもたちが、どの資質を示しているかを意識しましょう。あなたのお子さんを観察するときに、各資質を参考にしてください。

2 才能のヒントを探す。子どもが以下の行動を見せたときをメモします。

・憧れ――お子さんが繰り返し惹きつけられ、しきりにやりたがるのは、どんな環境や活動ですか。

・習得の速さ――どのような新しいスキルや活動を、あっという間に、しかもあっさりと習得しますか。

・満足感――お子さんが一番夢中になり、かつ満たされているのはいつですか。どのような活動をワクワクしながら何度も繰り返していますか。

・時間感覚の喪失――お子さんが時間を忘れるほど没頭しているのはどんなときですか。

3 お子さんを知っていて、気にかけてくれている人に協力してもらう。あなたが気づいた子どもに現れる特定のパターンを話し、自分の観察がどのくらい正確か確認します。反対に相手が気づいたパターンを教えてもらい、記録と比べましょう。

4 最もよく見られるパターンを特定する。時間をかけて繰り返し観察することで、どのパターンが優勢であるかが判断できます。これらのパターンを、お子さんの継続的な能力開発の中心に据えましょう。

5 子どもの才能を伸ばす機会を作る。できる限り、お子さんの興味や才能を活かせる活動へ導き、調整しましょう。

6 「ストレングス・スポッター（強みを見つける人）」のネットワークを作る。あなたの配偶者、祖父母、先生、ベビーシッターなど、お子さんを気にかけてくれている人と、その子が得意なことをしているときの写真や、ストーリーを共有してください。

幼い子が自然に見せる傾向や関心に注目すれば、その子らしさや、このまま成長したらどんな人になりそうか、さらに理解が進むでしょう。また、他の人と子どもについて話すことで、さらなる洞察が得られます。すると自分の観察結果に確信が持て、逆に別のとらえ方をするのに役立ちます。ひとたび子どもが大切にしているもの、そして子どもにとって大切なものがわかれば、未来へと続く、成功や喜びの瞬間をお膳立てすることができるのです。

ストレングス・スポッティングについて

推奨年齢：10歳未満の子ども

ストレングス・スポッティングは、10歳未満の子どもの才能を発見するギャラップ・モデルです。ストレングス・スポッティングでは、クリフトン・ユース・ストレングス・エクスプローラー（英語版のみ）の10資質をもとに、さまざまな状況で交流をしている子どもを繰り返し観察していきます。

ぜひ、このパートをお子さんの才能をより詳しく観察する際の参考にしてください。

各資質の定義、資質の発露を示す手がかり、あなたのアクション項目、その資質の行動を取っている子のスナップショット（横顔）も合わせて説明しています。

オーガナイザー Organizer

あなたを取り巻く世界のすべてをスケジュール化し、計画を立て、整理することは、人生をよりよくしてくれます。周りは、あなたなら細かい部分まできちんとして、計画をまとめてくれるだろうと頼りにしています。

あなたは、自分の世界に秩序をもたらしたいと思います。スケジュールがあることで、自分の人生をコントロールできていると感じられるのです。計画を立てると、自分がいまからすることがわかるので安心でき、心穏やかになれます。先読みして整理し、やりたいことをすべて入れた計画を立てれば、取りこぼすことはないのです。あなたは、大きなアイデアと細部までのこだわり、その両方考えるのが好きです。何かを完璧に仕上げられたら爽快な気持ちになります。それは、ヘアスタイル程度のちょっとしたことから、学校の一大プロジェクトのような複雑なものまで変わることはありません。あなたにとっては何をするにしても、時間通り、あるいは早いことが重要です。そのための準備ができるからです。自分のためだけでなく、他の人のためにも秩序や規則が好きです。あなたは、すべての要素をまとめ上げて、自分と周りの人の役に立てるのです。

オーガナイザーの資質の兆候は？

●電車のおもちゃがまっすぐに並んでいて、みんなのサッカーバッグがベンチ脇にきちんと置かれている。〈オーガナイザー〉の資質が高い子は、そんなときに一番うまく行きます。それらが乱雑だったり、置き場所が違ったりするとすぐにそれに気づき、直したがるでしょう。これは、自分の世界が整っていると、物事を進めやすくなるからです。子どもにとって整理は、自分の環境や、思考回路を理にかなったものにするのに役立つのです。

●この資質が高い子は、整然とした環境でこそ生き生きとし、成長します。物が定位置にあるのが好きです。引き出しから何かがはみ出ていると、きちんと閉まるように整えます。学校で誰かのロッカーの扉が開いていたら、それを閉めます。ごちゃごちゃした状態ではなくなると、ほっとするのがわかるでしょう。

●物が定位置にあるだけでなく、計画がきちんと決まっていることも重要です。活動や習いごとの順番や、段取りが先にわかっていると、よりうまく動けるでしょう。

アクション項目

オーガナイザーの資質が高い子の保護者向け

●本棚やおもちゃの収納場所にはラベルを貼りましょう。そうすれば、子どもの秩序に対するニーズをわかっているよ、と示すことになります。子どもが遊ぶ空間は常に片付けておきましょう。何かを変えるときや、物を移動させるときは、子どもと一緒に確認します。すると子どもは、新しい環境と、変わったけれど無秩序なわけではないことを理解します。

●日課やルーティンが変わると機嫌が悪くなるかもしれません。なぜなら、自分の一日を掌握できている実感と自信を持つためには、秩序が必要だからです。ですから、あなたの子どもに求めることと、あなたの対応にはきちんと一貫性を持たせてください。

●部屋を出る前に、〈オーガナイザー〉の資質が高い子の片付けを手伝いましょう。子どもは、整うまで、部屋から出たがらないかもしれません。その際、親が思う整理整頓のアイデアと、子どものそれとはおそらく違うだろうということも覚えておきましょう。

スナップショット

オーガナイザーの資質が高い子

イーサンは世界に秩序があるのが好きで、それを生み出すことも好きです。小さい頃は、車を一列に、さらに色別にしてみたりして並べるのが大好きでした。いつも、そのとき遊ぶおもちゃだけを出し、終わると同じ場所にしまいました。毎日のルーティン、つまり日課がイーサンの生きがいとなっていて、母親がその日課から外れると、いつもすぐに問いただしました。幼稚園児なりに、カオスではない世界を必要としました。そして、すべての「アヒルの列」を整えようとしました……つまり彼の友達です。友達が1人、2人列から遅れると、イーサンの秩序に対するニーズが反応し、文字通り彼らを列に戻しました。大きくなったいま、イーサンの計画性は、学校の勉強を終わらせるのに役立っています。いまでは、課題の期限を必ず確認し、明確にするために先生に質問しています。そうすれば、学校に行く前にするべきことがわかるからです。

思いやり Caring

あなたの胸の内では、人助けはとても大切なことです。ちょっとしたことであっても、すごいことであっても、人を助けることで世界がよりよくなればいいと思っています。

あなたは広い心の持ち主です。自分が力を貸したことで誰かが助かると、とても嬉しくなります。あなたこそ友達なのです。他の人を輪に加えます。誰かが疎外感を感じていると、あなたはその人を仲間に入れようとするでしょう。あなたはとてもたやすく、誰かを後押したり、何かを分かち合ったり、学びを助けます。自分が誰かのためにできることがあると、わかっています。その親切がとても些細なことであっても、人の日常生活においては大きな意味があります。大小にかかわらず、あなたは自分の世界に変化を起こせます。周りの人は、あなたが親切で、気遣いがあり、思いやりのある人であると頼りにしているのです。

思いやりの資質の兆候は？

- 〈思いやり〉の資質が高い子は、頼まれなくてもよく人を助けます。その際、子どもは、やさしい気持ち、親切心からしています。ですから、必ずしも相手が助けてほしいと思っていなくても、他の子どもたちを助けるでしょう。
- 仲間を助ける方法を考えることもあります。また、面倒を見る年下の子どもを探すこともあります。

その対象として、人形やぬいぐるみ、ペット、大人などを選ぶ子もいます。

- 誰かに思いやりを示したり、助けたりしているときに、喜びを感じ、満たされます。役に立ちたいし、他人に敏感である分、誰かが悲しんでいたり、苦しんでいたりすると、関心を寄せるのはもちろん、一緒に悲しんだり、嘆いたりすることもあります。特に傷ついている人の気持ちを楽にできないときに、そうした感情を表すでしょう。

アクション項目

思いやりの資質が高い子の保護者向け

- お子さんが役に立てる相手を探しましょう。兄弟姉妹、友達、先生、クラスメイト、近所の人など。子どもに、あなたや誰かを助けるためのちょっとした役割を与えます。そしてある程度大きくなったら、小さな子どもたちに手を貸す機会を見つけましょう。
- 必ず、すべての人が本当にお子さんからの助けを必要としているか、または望んでいるか、確かめましょう。子どもがこの才能を強みにするのを助けるには、まずあなたがお手本となって、どうやったらそれぞれの人に適したよい影響を与えることができるか、アイデアを示してください。
- お子さんが、どんなときに、どのように役に立ったのかを必ず伝えるようにしましょう。年齢や状況によって変わりますが、「手伝ってくれて助かっちゃった！」「あなたの子犬の世話の仕方、好きだわ」など、わかりやすく伝えるとよいでしょう。

スナップショット

思いやりの資質が高い子

ジャスミンは2歳のとき、周りにいる人の感情に呼応していました。誰かが騒ぎたてると、ジャスミンも叫ぶのです。彼女はそうした感情に気づいていましたが、どうしたらいいのかまではわかりませんでした。友達が悲しめば、おもちゃを渡しました。また、幼稚園で友達がつまずいて転ぶと、ハグして、「気分よくなった？」と聞きました。やがて小学生になったジャスミンは、毎日帰宅すると崩れ落ちるようになりました。世の中の重荷がすべて彼女の肩にのしかかっているようだったのです。そしてそれは事実でした。自分の学校生活はうまくいっていたものの、落ち込んだり、傷ついたりしている友達に対応したいと思いながらも、小学5年生の彼女にはどうすればいいのかがよくわからなかったのです。ですからジャスミンは、ケンカがあると、その場から立ち去り、友達から離れました。母親は「今日はどうだったの？」「友達はどうだった？」と尋ね、ジャスミンが気持ちを吐露するのを聴きました。そして、一緒にジャスミンがどのように手助けできるかを考えました。そしてジャスミンは大きくなると、近所の子のベビーシッターや、地域の活動にボランティアとして参加したりすることに喜びを見いだすようになりました。

関係力 Relating

あなたは、友達を作り、その関係を長く続けることが好きなのです。もしかしたら一生続く縁を。あなたは自分のため、そして人のために友達の輪を広げていくのです。

仲良くするのが上手、といっても、さまざまな形があります。新しい人とも苦もなく会い、相手の名前を覚え、どこでもすぐに友達ができる人もいるでしょう。友達になるまでには時間がかかるけれども、長く続く友情を育むのに長けている人もいます。そしてその両方ができる人もいるはずです。もしすぐに友達ができる人なら、あなたはハッピーで、外向的で、感じがいいと思われているではないでしょうか。少人数のグループで話したり、笑ったり、ただ一緒にいることが好きなら、友達はあなたを信頼し、なんでも相談できる最高の友達と思っているかもしれません。ほかにも、先生や両親、他の大人と関係を築くのが一番得意という人は、彼らと交流していると、あなたは自分について嬉しい発見をするのかもしれません。どのように仲良くなっていくにしても、彼らはあなたのことが好きです。そして、あなたにとって、人間関係は大切なものなのです。

関係力の資質の兆候は？

- 〈関係力〉の資質が高い子は、友達といると生き生きし、そうした環境を求めるでしょう。他の子をよく観察することもあるかもしれません。それは、競争のためでも、まねしたいからでもなく、相手をよく知りたいからです。誰かとつながりを持ち、友達と交流があるときに、より生き生きとハッピーになります。

●この資質が高い子は、ひとりで教室を飛び出していくことはなく、他の友達がくるのを待って出ていくでしょう。

●この資質が高い子は、おもちゃを他の子と共有したり、あげたりするでしょう。それが、人とつながり、絆を深める方法のひとつだと知っているからです。誰かと心が通ったとき、あるいは誰かが友情を返してくれたときには、顔が輝くでしょう。

アクション項目

関係力の資質が高い子の保護者向け

●〈関係力〉の資質が高い子にとって、誰かと一緒に遊び、学ぶことは、とても大切です。親は、子どもの最高の友達は誰か、知っておきましょう。そして集まれる機会を作ります。クラスやチーム、近所の子どもたちの名前を覚えましょう。

●この資質が高い子の好きな付き合い方は、ひとりの子とじっくりかもしれないし、少人数かもしれないし、または「大勢いればいるほど楽しい」かもしれません。「誰と」だけでなく、「どのように」付き合うのが好きなのかも見てください。その子の好きな関わり方を見つけ、つながる機会をたくさん作りましょう。

●この資質が高い子が友達の輪を広げ、友達を作る力を育てるのを助けましょう。子どもが他の人の名前を覚えたり、ひとりひとりが興味を持っていることや、好きなことを見つけたりできるように後押しします。まだ子どもが小さくても、こうしたことが他の人と心を通わせることを、すぐに理解するでしょう。

スナップショット

関係力の資質が高い子

2歳の頃、ガブリエラは、プレイマットの上に必ず友達全員が座れるようにし、外れる人がいないようにしました。もし名前を知らない人がいたら、ただ名前を尋ねました。そして、「こんにちは」と挨拶をするときは、必ず相手の名前も呼びました。7歳のときには、放課後の活動でドアのそばの席を希望しました。そうすれば、部屋に入ってくる人たちみんな、つまり子どもから大人まで、全員を歓迎できるからです。もの静かでしたが、笑顔で迎えました。12歳になったガブリエラは、教会で新しい人を歓迎する親善係を任されました。彼女は青年グループに新メンバーを紹介し、必ずグループのプロジェクトに入れるようにしています。そんな彼女は少人数のグループで新しいことを学ぶのが好きです。

競争力 Competing

あなたにとって、人生のたいていのことは勝負です。大きな喜びで満たされるのは、勝ったときです。負けるのは何より嫌い。なぜなら、常に1位を目指して努力しているからです。

あなたにとっては毎日が競争です。時間をかけるのに価すると思えば、どんな闘いでも1位になることを目標にします。もしライバルがいなければ、自分自身と勝負し、より多く、より速く、よりよい目標を達成しようとするでしょう。場合によっては、相手が気づいていなくても、あなたは競っていることもあります。負けず嫌いで、怒ったり、がっかりしたり、泣くことさえあるかもしれません。他人がその闘いを重視しているかなどどうでもよいのです。やるなら、1番になりたい。周りの人は、あなたの勝負意欲を頼りにしているのです。

競争力の資質の兆候は？

- 〈競争力〉の資質が高い子は、他の人がやっていることをよく見て、真似しようとします。そして最終的には勝ってしまうこともあるでしょう。また、親の気を引こうと、兄弟姉妹や他の子と競うこともあるかもしれません。どんな活動をしていても、なにを目指しているときでも、一番になろうと競います。子どもにとって、「勝利はすばらしい、けれど敗北は選択肢にない」のです。
- 勝とうとするあまり、活動内容を理解する前に、あるいはルールを聞く前に、飛びついて始めてしまうことがあります。

●競争できるまで落ち着きがないかもしれません。勝つことができると生き生きし、常に何か競争していますが、他の人は競っているとは思っていない場合もあります。また、他人と競う方法を作り出すことも多いでしょう。お子さんのふるまいや、目の奥に宿る炎を見れば、彼・彼女らが競争中ということがわかるはずです。

アクション項目　競争力の資質が高い子の保護者向け

●〈競争力〉の資質が高い子に、自分自身との競い方のアイデアを出しましょう。「この前は、腹筋を5回やった。今回は7回やってみようか」または時計を見ながら、「あの秒針が3を指すまでに終わらせられる？」

●成果を記録しましょう。たとえば、勝ったら星形のシールを貼れる表を作る。勝ったときの写真を飾る。そして勝負が終わったら次の目標は何か尋ねましょう。チームに所属しているなら、個人の勝利とチームの勝利の両方をお子さんが考えられるようにサポートしてください。

●競うときには、いつ、どのように勝利を祝うかを決めましょう。自分の勝利が認められることで、より高いレベルに行こうというモチベーションになります。この才能を伸ばすために、あなたは何度もこれを磨くサポートをするでしょう。時には、他の人への対応を考えるようにとお子さんを説得しなければならないかもしれません。

スナップショット

競争力の資質が高い子

マーカスは、会う人みんなが自分と競争し、自分に挑み、得点を記録したいのだと思っています。一番に靴ひもを結べるのは誰か。自転車に乗れるのは誰か。積み木で一番高い塔を作れるのは誰か。ビデオゲームで得点し、バスケットボールでシュートを決め、プロジェクトを最初に終わらせるのは誰か。マーカスは、一番になる、勝利することだけを考えています。それが彼をやる気にさせるのです。幼稚園では、他の子よりもしょっちゅう「順番を待ちなさい」と言われていました。そして、競争に負けると必ず、悔し涙を流しました。少し大きくなったいま、マーカスは闘争心をうまく調整できるようになりましたが、それでもほとんどの活動が勝負だと思っています。中学生になると、勉強よりもスポーツに夢中になりました。また、明確で測定可能な課題が出る授業では優秀な成績を出しています。

自信 Confidence

あなたは自分という人間を信じ、できると信じています。だから難しいことにも挑めます。必ずうまくできるという感覚があるからです。

自信があるから、他の人が挑戦したがらないようなこともできるのです。自分は世界にひとりしかいない特別な存在である、とわかると、自分らしくいられる力になります。他のみんなと同じようにしなくてよいのです。ましてや集団に合わせる必要もありません。自分ではそう思っていないときでさえ、他の人はあなたを勇気があると思うこともあります。あなたは声に出して言うからです。たとえほかに誰も声を上げていなかったとしても。あなたはしっかりと自分の意見を持っているので、それをはっきり言えるのです。自分はできることを信じている。それはとてもすばらしいことです。その確信のおかげで、人生でより多くのことができるでしょう。

自信の資質の兆候は？

- 〈自信〉の資質が高い子は、自分の能力に不安を感じておらず、自分を信じています。新しい課題や目標に取り組むときも、イライラや動揺は見られません。
- 誰もやらないことをやってみることが好きです。どんなことでも、自分には対応できると思っています。大人や友達に助けてもらわずに何かに挑戦し、最初に「やる」と名乗り出ることもあります。

●フロー状態に入っているときはすぐにわかるでしょう。声の調子や顔つき、身振りや手振りなどに、内に秘めた確信が現れているはずです。

アクション項目 自信の資質が高い子の保護者向け

●まず覚えていて欲しいのは、〈自信〉の資質が高い子は自分を信じているけれども、分野によっては不安を感じることもあると言うことです。子どものまなざし、身振り手振りや、声の調子などをよく観察すると、助けを必要としているときがわかるでしょう。

●この資質が高い子には、過去の成果に基づいて物事を進めさせることが大切です。本人は自分に成功する力があると確信しているので、刺激になる、お子さんに挑むような活動をさせましょう。あなたがよいと思う活動をいくつか用意します。けれどもその選択肢の中から本人にやりたいことを決めさせせましょう。

●この資質が高い子には「実験」をさせましょう。つまり自分でいろいろとやらせて、輝ける機会を与えるです。問題を解決し、新しいスキルを習得しようとしているときには、親がすぐに口を出して助けないことも大切です。お子さんは、最初に自分でやってみたいのです。

スナップショット

自信の資質が高い子

ミゲルは3歳のときには既に自信にあふれていました。先生が、「誰か新しいスキルをみんなの前で見せてくれない？」とか、「誰かやってくれる人？」と聞けば、彼は進んで挑戦していました。初めてのバス登校日、バスの運転手は後部座席に座っているミゲルを見落とし、

車庫に戻ってから彼の存在に気がつきました。ミゲルは少し動揺しましたが、次の日、バスに勇ましく歩いて行きました。もう二度と同じことは起こらないと確信していたからです。プールでライフガードが飛び込み台から空中で回転して飛び込んだところ、ミゲルはそれまでやったことがなかったにもかかわらず、誰よりも先に回転飛び込みをして見せました。そして中学生になった彼は、毎日友達がみんな同じテーブルに座り、学校が提供するお昼ご飯を食べている中で、堂々と家からお弁当を持参しています。

信頼性 Dependability

信頼はあなたにとって大事なものです。ですから、自分が頼りになる、信用できると思われるように努めます。人々は、あなたがやると言ったことを必ずやってくれると思っています。あなたが約束をしたら、それは「約束を果たす」という意味です。

そしてあなたは何かを終わらせるように任されると嬉しくなるでしょう。それは、他の人があなたを信頼し、信用できると思っている証だからです。さらにお願いされたりするのがご褒美になることさえあるはずです。人があなたなら必ずやってくれると信じているということだからです。もしかすると家庭や学校で、特別な家事や責任を任されているかもしれません。それがどんな仕事であれ、あなたはそれをやり遂げずにはいられないでしょう。あなたの行動から、同級生より年上に思われることもあるかもしれませんが、それもあなたが頼りになるからです。あなたは他の人たちのよいお手本になれるでしょう。やり遂げて、正しいことをして、先生や親から感謝され褒められると、嬉しくなります。みんな、あなたはやると言ったことを必ずやってくれると信じているのです。

信頼性の資質の兆候は？

- 〈信頼性〉の資質が高い子は、たとえば、誰かへの伝言や、犬の散歩をひとりでやるようになど、ひとりで任せられるのが大好きです。

- 責任や約束をきちんと守ります。もし、何かを「やります」と言ったとしたら、たいていの場合、それをやり遂げるでしょう。
- この資質の高い子にとって、責任を引き受けるのは大切なことです。もしかすると、ひとつの責任だけでは足りないかもしれません。何かの活動や仕事を引き受け、かつ他にも仕事をしたがります。

アクション項目　信頼性の資質が高い子の保護者向け

- 〈信頼性〉の資質が高い子には、発達段階に合わせた責任のある仕事を用意しましょう。それは、あなたが「頼りにしている」と言っていることと同じです。特に、どんな家事をしたいか、どんなことを任されたいかなどと聞かれると、子どもは自分が重要なのだと実感できるでしょう。
- この資質が高い子は、自分で自由に選ぶことが好きです。ですから、選択肢を与えましょう。「いま塗る？　それともランチの後にする？」などです。一度自分で選んだ選択肢は、必ずやり遂げるでしょう。
- この資質が高い子には、仕組みや、安心感、ルーティンを与えてください。きっと時々ルールが変わっていないかどうか確認しに来るでしょう。そして親が最初に求めたことと合っているとわかって安心します。それはあなたに挑戦しているのではなく、自分が予定通り進んでいるかどうかを再確認しているのです。

スナップショット

信頼性の資質が高い子

幼稚園で、ローレンは「水の部屋」が大好きでした。ある日、友達と遊んでいると、「水の部屋」の窓が曇って、外が見えなくなってしまいました。先生はローレンにタオルを渡して、窓の蒸気を拭いてもらいました。ローレンはすべての窓を拭いてから、みんなとの遊びに戻りました。このとき先生から責任を与えられたことにより、まだ3歳だった彼女は窓を確認し、蒸気で曇るたびに拭くようになりました。それが彼女の責務となったのです。小学校では、先生から事務室へメッセージを伝える係りを任されました。また、寄付金活動では、お金を集める係を任されました。その他、友達のサポートをするようにも頼まれました。中学では、ローレンは他の生徒のことについてよく知るようになりました。なぜなら、彼女に秘密を打ち明けても、誰にも言わないとみんなわかっているからです。

存在感 Presence

あなたは教室でみんなの前で語り、先頭に立つために生まれてきました。他の人たちは、あなたを見つめながら話に耳を傾けるでしょう。

あなたは自然に人の目を惹きつけます。ささいな注目であっても大きな注目であっても、たいていの人より上手なので、グループに及ぼす影響も大きいでしょう。時に、ユーモアたっぷりに語り、みんなをワクワクさせることもできます。面白い話や冗談を言って、他の人たちをリラックスさせたり、全員の絆を感じさせたりすることもできるでしょう。さらに、あなたはまじめにリーダーシップを発揮することもあります。重要な局面で、あなたはみなの代弁者となります。みんながそうしたくなるようなメッセージを発信することもできるはずです。もしかすると、将来は教師、政治家、講演者、コメディアン、牧師、ビジネスリーダーなどになっている人もいるかもしれません。しかしどのような職業を選んでも、誰かがあなたの話す言葉に耳を傾けているでしょう。あなたの前には自然に聴衆がいるのです。

存在感の資質の兆候は？

- 〈存在感〉の資質が高い子は、どこにでも堂々とした登場をするでしょう。たとえるなら「さあ私が来ましたよ」という感じです。他の人が目を止めるのは、そうさせることができるからです。

●この資質が高い子は、関心の的となることで生き生きとします。目が輝き、集めたすべての注目に目を回しかけるかもしれません。
●この資質が高い子の、注意を惹くための行動は、必ずしも理想的でないこともあるかもしれません。とはいえ時間をかけ、経験を積ませれば、ポジティブに注意を惹きつける方法を学んでいくでしょう。彼らの存在と行動は非常に面白いことが多く、他の人を輪に惹きつけることができるのです。

アクション項目

存在感の資質が高い子の保護者向け

●〈存在感〉の資質が高い子は、手を振ったり、微笑んだり、ストーリーを語ったり、冗談を言ったり、スキルを披露したりと、いろいろな形で他の人とのコミュニケーションをすることで、エネルギーが湧いてきます。どうすれば子どもの最高の観客になれるかを考えてみましょう。あなたの他にも、子どもの観客になりたいと思う人はいませんか？
●この資質が強い子は、他の人とたくさんのエネルギーのやりとりをして、それを外に発します。この子がエネルギーを解き放ち、輝けるような機会を見つけましょう。子どもに注目を浴びる自由を与えるのです。
●子どもが見本を示す機会を作るには、どのようにしたらいいでしょうか。たとえば、いじめの止め方、ボールの投げ方、ダンスのステップなどを他の子たちに披露するなどです。他の子どもたちは、あなたの子どもの例に倣う傾向があるので、きっとちゃんと聞くでしょう。

スナップショット

存在感の資質が高い子

ミアは、学校の発表会で、みんなを笑顔にできる人です。彼女は舞台のセンターで、一番大きな声で歌い、歌に合わせたすべての振り付けを覚えています。そして、みんなの笑顔と拍手があると生き生きするのです。表現力豊かで、人の心をつかむ話し方をし、子どもも大人も聞き入ります。3歳のときも、8歳のときも、13歳のときも、そうでした。とてもチャーミングなのです。その一方で、時に他の人は彼女の注目へのニーズに圧倒されてしまうことがありました。大きくなるにつれて、ミアは〈存在感〉の才能を発揮する方法を見つけました。下の学年のクラスで本を読むボランティアをして、すぐに大人気になりました。そして、大好きなダンスで、リサイタルやコンテストでパフォーマンスをしています。

達成力 Achieving

あなたはたいていの人より、エネルギーに溢れ、目標もたくさんあります。達成感が大好きなのです。

あなたが何かを始めては実現させようと急いているのは、たいてい頭の中に終わらせたいことのリストがあるからです。ちょっとした目標を達成できたらうれしい。自分が試されているのではないかと思うような大きな目標を達成できたら、もっとワクワクするでしょう。やり遂げるほど、成功しているように感じます。

そして成功を手にするほど、さらに手に入れたいと思います。ひとつのプロジェクトを終わらせると爽快な気分になるのは、達成感を味わうのが大好きだからです。賞やよい成績、称賛などを得ることはあなたにとって大きな意味を持つことがあります。なぜなら、あなたの努力や能力に気づいてもらったのだ、と幸せに感じられるからです。あなたは頑張り屋さんであるため、いつも「もっとできるはず」「もっとやっているはず」と感じているのです。

達成力の資質の兆候は？

●すべての子どもは学び、成長することを求め、成功したことを認められると喜びます。その中でも特に〈達成力〉の資質が高い子は承認をされると生き生きします。そして、それが具体的であるほど、彼・彼女らにとってはより大きな意味があります。本当は「認めてちょうだい」とは頼みたくはないのですが、そうするでしょう。なぜなら、それはたとえるならケーキの仕上げのデコレーションのようなもので、「さあこれで完成したから、次のチャレンジに取り掛かれるぞ」という合図になるのです。

●〈達成力〉の資質が高い子はエネルギーがあり、身体的、感情的、または認知的にもそれが表れるでしょう。そして、挑戦的なやり方をしてそのエネルギーを使おうとします。加えて、自主的に行動するので、毎日何かしら達成することを見つけます。生まれつき活動的なのです。ただ知っていて欲しいのは、活動的とひと口にいってもさまざまなタイプがあるということ。ですから必ずしも部屋の中を走り回るわけではなく、代わりに認知的な活動、たとえばおもちゃを複数出して遊んでいることもあります。

●何かを達成するとエネルギーが湧いてくる〈達成力〉ですが、圧倒されて、「きっと完了できない」と思ってしまうと、そもそも始めないこともあります。

アクション項目

達成力の資質が高い子の保護者向け

●〈達成力〉の資質が高い子は、エネルギーをたくさん秘めています。このエネルギーとは、身体的、認知的、感情的、またはそれらが複数混合している場合など、さまざまな可能性があります。そのエネルギーを存分に燃焼させるために、機会と選択肢をたくさん用意してください。それもたくさんあればあるほどいいでしょう。子どもがその中から自分で選べば、目標意識も育てられるかもしれません。

●子どもと一緒に、毎日やりたいことをリストに書き出してみましょう。そして一日の終わりにそのリストを見返して、できたこと、できなかったことを一緒に確認します。親自身の達成できたことも話すと、子どもに見本を示せます。

●子どもが何かに取り組んでいるとき、「ゾーン」〔超集中状態〕に入っていることがあります。あなたの言うことを聞いていないのは、集中し、〈達成力〉の才能が全開だからなのだということを理解しましょう。

スナップショット

達成力の資質が高い子

ローハンは目標を決めてタスクやプロジェクトに取り組み始めると、他の友達よりも長い時間集中しています。また、やると決めたことは、それがどんなに難しくてもやり続けます。たとえば、幼稚園の頃はパズルに夢中で、ひとつひとつを完成させるまでコツコツ取り組みました。そして、完成したパズルを全部積み上げていきました。しかも毎日どのパズルをするか自分で決めていたのです。9歳になったローハンは、予定がいろいろあって、かつ自分が何をするべきかがわかっている、そんなときが一番嬉しそうです。朝真っ先に、冷蔵庫のカレンダーで今日やることを確認できるとご機嫌です。彼が一番うまくいくのは、忙しくて生産的なときなのです。そうでないと、すぐに「つまらない」と愚痴をこぼすでしょう。

発見力
Discoverer

あなたは、考える人であり、学ぶ人でもあります。ですから、アイデアを問い続けて、結びつけて考えることにワクワクします。「どうやって？」「なんで？」とよく尋ねているかもしれません。

たくさんの疑問が、頭の中に浮かんできます。どのような仕組みなんだろう？　なぜそうなったんだろう？　どうやってそれを解明したんだろう？　新しいアイデアを追求することにワクワクして、質問します。あなたが学びたい事の「どうやって」と「なんで」が理解できるからです。情報やアイデアを集めてつなげていきます。エキスパートになるのは面白く、好きな話題やアイデアを見つけると、長い時間をかけてそれを追求します。また、みんなと同じやり方ばかりでは飽きるかもしれません。なぜならあなたは、新しいやり方を見つけるのが好きだから。クリエイティブな考え方をする人と話すと、さらに発想が広がって楽しくなります。あなたの情報やアイデアを共有すれば、きっと誰かの役に立つはずです。

発見力の資質の兆候は？

● 〈発見力〉の資質が高い子がワクワクするのは、何かを解明したときです。もともと好奇心旺盛なので、もっと知りたくなります。時間をかけて調べます。その対象は、スポーツ、虫、本、噴水や流しの水、友達の髪型など、興味を持ったことすべてにおよびます。

●この資質が高い子は、何か興味のあることを学んでいるときは、周囲の声が聞こえなくなることがあります。彼・彼女らは、何かを結びつけて考えたり、学んだりすることにワクワクします。この結びつきが、彼・彼女らのモチベーションになるのです。

●この資質が高い子は、習いごとや何かに取り組む前に、それについて調べることがあります。とても慎重なところがあり、遅い子と決めつけられてしまうこともあるかもしれません。しかし実際には、課題を完了するために、色々なやり方を考えているだけなのです。

アクション項目
発見力の資質が高い子の保護者向け

●〈発見力〉の資質が高い子は、何かをする際、新しい、面白いやり方を見つけるでしょう。そのクリエイティブなプロセスを尊重しましょう。子どもが自分なりにひとひねり加えたいと思うのは、すでに知っているやり方では飽きるからです。それはすばらしいことですし、やらせることが大切です。それが、子どもが自分自身や他の人たち、そして周囲の環境と個人的なつながりを築くやり方なのです。

●この資質が高い子には、毎日、発見しつながるための新しいやり方を提供しましょう。違う声色で本を読んだり、古い歌を新しい言葉で替え歌したり。複雑でなくてよいので、ただ違うものにしていきましょう。

●この資質が高い子は、刺激があると生き生きします。親が手順ややり方を逐一指示してはいけません。それはこの子の中にある〈発見力〉の才能をつぶしてしまいます。活動がどうなるかは子ども次第です。子どもは自分のやり方を学び、そして物事を変えられる自由が必要なのです。

スナップショット

発見力の資質が高い子

アヴニを表す言葉といえば、「なぜ、なんで、どうして」です。「好奇心」はすべての子どもの発達段階において見られますが、「なぜ」と質問をすることで、アヴニは学び、発見します。彼女が文字を覚えるとき、母親は「Aはアヴニ（Avni）のA、Bはベスティ（Betsy）のB、Cはキャメロン（Cameron）のC」と教えました。母親は、まだ3歳にも満たない子どもにはその3つでよいだろうだと思いましたが、アヴニは「Dは何？　Eは何？　Fは何？」とたたみかけました。アヴニが喜んだのは、それぞれの文字が誰かの名前と一致すると気づいたからです。小2のとき、理科の授業で、ソーダの瓶にミントキャンディーを入れるというよく知られている実験をしたとき、アヴニはソーダの爆発と同じくらい、先生の説明に夢中になりました。アヴニは、別に世界一の化学者になりたいと思っているわけではありません（いまのところは）。彼女は、プロジェクトの最終形にはあまり関心がありません。それよりも、それを作る過程を楽しむのです。たとえば、絵の課題について尋ねたら、アヴニは何を描いたかよりも、それをどう作ったかを説明するでしょう。彼女にとって楽しいのは、結果ではなく、実験、つまり試すことなのです。

夢想力
Future Thinker

あなたは、頭の中に未来を描き、夢見ることにワクワクします。何ができないかではなく、何が可能か考えます。

未来の生活を想像するのも好きです。どんな新発明があって、いま不可能なことで、どんなことができるようになっているのでしょうか。あなたはどんな人になっているでしょうか。10年後、１００年後の世界はどう違うのでしょうか。いまあなたが抱いている夢は何でしょうか。……そんなあなたのビジョンは、他の人よりも壮大かもしれません。なぜなら、大きく発想する、それはあなたの才能のひとつだからです。人生で大切なことは何で、それらがどんな意味があり、そしてそのそれぞれがどのようにつながっているのかを考えたいのです。意味を見いだすことは、あなたにとって大切です。今日やらなければいけないことにただ集中するだけでは物足りません。なぜなら、頭の中でもっと冒険に出たいのです。事実だけでなく、アイデアを考えることに時間をかけます。大きな発想で、未来がどのようになり得るか描き出していくのです。

夢想力の資質の兆候は？

- 〈夢想力〉の資質が高い子は、「将来、わたしはどんな人になっているかな？」「将来のわたしは何をしているかな？」と想像するのが好きです。未来にとっている行動や仕事、そして責任について、ごっこ遊びをすることも好きです。また、年上の子や大人たちがしていることについて話したり、質問したりするかもしれません。

● 大切なのは、子どもの未来の感覚と、大人のそれは同じではないということを理解することです。大人にとっての未来は、5年後のことかもしれません。同様に2歳の子どもにとっての未来は昼寝の後、8歳の子どもにとっては次の学年に上がったときかもしれません。このように、「未来」をどう考えるかはそれぞれ異なっていても、この資質の高い子は、そこについてたくさん精神的エネルギーを費やすのです。

● この資質が高い子は、ぼんやりしているように見えることがありますが、実際は次にすることを考えています。じっくり考えていることが「上の空」に見えることもあるかもしれません。けれども実際は、お昼ご飯のことや、夏に何をしようかとか、バスケットボールの練習で履く靴はどうするかなど、考えているのです。

アクション項目　夢想力の資質が高い子の保護者向け

● 年齢や発達段階に合わせて、〈夢想力〉の資質の高い子が、未来の自分を探求できる方法を見つけましょう。子どもの興味や才能に合う、お手本になる人を探します。たとえば、音楽や楽器が好きなら、音楽をしている数歳上の子を探します。まず、子どもに彼らの様子を観察させて、その後彼らと話す機会を作りましょう。彼らがどうやっていまのようになったのか、音楽の何が好きなのかなど聞いてみるのです。

●ごっこ遊びや将来のシナリオづくりは、将来自分がするかもしれないことを練習するのにうってつけの方法です。たとえば、いつか先生になりたいと考えている子には、「学校ごっこ」ができるようにします。場所を作って、授業計画を立てたり、予行練習をしたりしましょう。

●この資質が高い子に、「こうなったらいいな」と夢見ていることを尋ねましょう。子どもは頭の中で、やってみたい冒険や活動、さらには仕事についてまで映像化しているでしょう。子どものアイデアやビジョンを聞き、もしそれが適切なら、または適切なときが来たら、それを実現するのを助けます。親がその価値を認めていることが子どもに伝わるでしょう。

スナップショット

夢想力の資質が高い子

アンドレには、思い描いている未来のアイデアがたくさんあります。幼稚園では友達と一緒に、大きくなったら何になりたいかという劇を演じました。彼はいつも先のことを考えていて、サングラスをかけてステージで歌うブルース・ブラザースのような自分をイメージし、真似をしました。その前は、彼は世界を救うスーパーヒーローでした。その1カ月後には、幼稚園でアンドレは消防士になると決めました。大きくなるにつれ、アンドレは自分が興味を持ったものすべてを、いろいろな方法で試すようになりました。それらがどう自分の未来の生活の一部になっている可能性があるのか、知りたかったのです。音楽と演奏へは非常に興味があったので、中学生になるとサックスを始めました。高校では吹奏楽部に入るともう決めていて、嬉々として準備を整えています。

付録3

クリフトン・ユース・ストレングス・エクスプローラー

ギャラップは、50年以上にわたる個人の才能に関する研究と何千もの調査から、10～14歳の子どもが自分の内なる才能を発見し、それを伸ばせるように、「クリフトン・ユース・ストレングス・エクスプローラー」のアセスメント（英語版のみ）を作成しています。

このアセスメントを利用すると、以下のようなことが可能になります。

- 子ども独自の才能を特定し、より詳しく把握できる
- 子どもの思考や感情、行動のパターンをその子が関わる活動に応用しやすくする
- 子どもが何かを達成するのを助ける
- 子どもの成長を促すような、よりよい発達経験の機会を作れる

このアセスメントは、前述した〈オーガナイザー〉〈思いやり〉〈関係力〉〈競争力〉〈自信〉

〈信頼性〉〈存在感〉〈達成力〉〈発見力〉〈夢想力〉という10の才能の資質、すなわちお子さんが潜在的な力を持つ分野を特定します。資質は、お子さんのフィルターとなります。「ユーモア」のセンスに溢れる子は、ふとした瞬間にジョークを口にします。「学習意欲」が旺盛な子は、プロジェクトが終わった後も、そのテーマについてもっと知りたくなってインターネットで調べ続けるかもしれません。「人と接するのが得意」な子は、転校生に率先して話しかけます。「負けず嫌い」の子は、負けると感情的に。「整理整頓が好き」な子は、親が思う以上に頻繁に部屋の模様替えをしがち。資質フィルターを通すと、こうした子どもたちの行動はそれぞれ〈存在感〉〈発見力〉〈関係力〉〈競争力〉〈オーガナイザー〉の才能の一例となっていることがわかります。

10歳から14歳という年齢は、発達、行動、成熟、思考などにばらつきがあります。そして、子ども自身の世界に対する見方や感じ方は、当然ながら大人のそれとは異なります。

「クリフトン・ユース・ストレングス・エクスプローラー」のアセスメントは、英語のみで受検できます。本書では、アセスメント受検の有無にかかわらず、お子さんの日常的な行動や言葉から、ひとりひとりの埋もれた才能の理解を手助けできるよう、フィルターとなる10の資質とそれらを象徴する言葉などについてさらに解説を加えています。

! オーガナイザー Organizer

あなたは、取り巻く世界のすべてをスケジュール化し、計画を立て、整理することで、人生をよりよくします。周りは、あなたなら細かい部分まできちんとして、計画をまとめてくれるだろうと頼りにしています。

アクション項目　オーガナイザーの資質が高い子向け

●あなたはあらかじめスケジュールを立て、その通りに実行していくのが好きです。自分用のカレンダーを用意し、毎日やりたいことを確認し、さらに1週間先、1カ月先、1年先にも備えましょう。それが目の前にあれば、自分の人生をさらにコントロールできていると実感できるでしょう。

●あなたはプロジェクトやイベントの企画を楽しめるでしょう。グループで活動している場合は、ボランティアで企画・運営に手を挙げましょう。終わらせることをすべてリスト化し、各項目の担当者を決めておきます。担当別、または期日別にまとめたリストを共有すれば、全員が計画を理解しやすくなるでしょう。

●リストは、やるべきことの進捗把握に最適です。リストの各項目の左側にチェックボックス（□）をつけ、完了するごとにボックスにチェック（✓）を入れます。そうすれば、いくつ終わり、いくつまだ終わっていないか一目で把握できます。✓を付けて完了を確認すると、思った以上にすっきりすることにびっくりするかもしれません。

●あなたは秩序を生み出せるはずです。学用品やロッカー、自分の部屋をうまく整理する自分にとっての一番良いやり方を見つけましょう。きちんと片付いた状態を維持できると、気持ちもよいし、あなただけでなく他の人もあなたが必要なものを見つけやすくなります。

●周りに貢献しましょう。あなたの好きな整理の仕方から恩恵を受ける人は誰かいるでしょうか。家族イベントを手伝えないでしょうか。先生は、あなたの書類整理の仕方に喜んでくれるでしょうか。才能を活かして誰かを助けられる方法を考えましょう。

アクション項目

オーガナイザーの資質が高い子の保護者向け

●どのように自分の時間をマネジメントするのが好きなのか、家族の時間をもっと有効に使うアイデアはあるか、お子さんに聞いてみて下さい。また、１日の予定、１週間または週末の予定、学期末休みや夏休みの予定をどのように立てるかも聞きましょう。そして、そのアイデアや計画を実行できるように助けましょう。

●〈オーガナイザー〉の資質を使って、お子さんがあなたや誰かの役に立てる機会がないか、探しましょう。たとえばですが、学校では、教室や理科の実験室の整理や、スポーツ用具の管理などはできないでしょうか。家庭では、お子さんはどんなことを計画したり、手配できたりすると楽しいでしょうか。ガラクタでいっぱいの引き出しの整理から、家族イベントの企画まで、一緒に考えてみましょう。

●お子さんより少なくとも2歳以上年上の、整理が得意な人を紹介します。整理や仕組み化のすばらしさのお手本になる人を探しましょう。年上の〈オーガナイザー〉の資質を持つ人から、自分の才能をどのように行動に移したらいいか、アイデアや例を学べます。

オーガナイザーの資質が高い子を言葉で表すと……

整った／きめ細かい／体系化した／秩序立った／立案者／ルールを守る／きちんとした

お子さんへの質問

昨日、何か整理した？　仕組みを作るために何をした？

あなたが、あなたの完璧に思う通りにしておきたいものは何？

あなたが好きな整理法を教えたり、実行したりすると喜びそうな人は誰かいる？　その人をどのように助ける？

今後、企画したり、手配をしてみたい活動やイベントはある？

資質が行動に現れると……

〈**オーガナイザー**〉の高い子——計画を立てる。

〈達成力〉の高い子——計画を終わらせる。
〈**オーガナイザー**〉の高い子——すべてのピースをまとめる。
〈発見力〉の高い子——すべてのピースを分解する。

思いやり Caring

あなたの胸の内では、人助けはとても大切なことです。ちょっとしたことであっても、すごいことであっても、人を助けることで世界がよりよくなればいいと思っています。

アクション項目　思いやりの資質が高い子向け

●知り合いを助ける方法を考えてみましょう。そして何かひとつ、今週始めてみましょう。いくつかのアイデアを紹介します。

ex)・ベビーシッターをする　・近所の人を訪ねる　・友達と一緒に宿題をする　・食器を洗う　・お年寄りのために、芝刈りや雪かきをする　・缶を集めてリサイクルする　・新入生や転校生を歓迎する　・先生のために教室を整える　・近所の犬の散歩に行く

●誰かが蚊帳の外になっていることに気づいたら、一緒に遊んだり、勉強したり、自分や友達と一緒にランチのグループに声をかけてみましょう。誰かが、「自分は歓迎され、受け入れられている。幸せだな」と、思える。あなたはその助けができるのです。

●自分の勉強が終わったら、誰かの勉強を手伝うことはできるでしょうか。あなたが知っていることを共有して、他の人がさらに学べるようにします。うまくいったら、「やったね」と声をかけましょう。2人で嬉しさを分かちあえるでしょう。

- 年下の子たちは、あなたを友達だと思っているかもしれません。どうやったら新しいことを教えたり、笑顔にさせたりできるでしょうか。彼らは、あなたのような年上の友達を必要としています。あなたは彼らを気にかけ、自分は大切な存在なのだと教えてくれるからです。
- どうしたら家族を大切に思っていることが伝わるでしょうか。家族と一緒にいるのが好きだということをわかってもらいましょう。ゲームをする、サイクリングへ行くなど、どうしたらいまよりも一緒に過ごせるでしょうか。家族みんなで何をするのが楽しいか、それぞれの意見を聞いてみます。一緒に最高の時間を過ごしてくれることに、感謝を伝えましょう。

アクション項目 思いやりの資質が高い子の保護者向け

- お子さんが誰かの役に立っている瞬間にきちんと気づきましょう。思いやりが持つ力に敬意を払うのです。子どもの気遣いのある行動を認め、肯定します。〈思いやり〉の才能が、みんなのためにどのように世界をよりよくしているか、伝えてください。
- 親である自分が日常的にしている手助けについて、〈思いやり〉の資質の高い子と話し合います。職場、家庭、学校、地域社会などで、公式、非公式にあなたがどのようにサポートをしているか、その手段を分かちあうのです。こうした会話は、お子さんに日常的に自分がどんな支援ができるか、ひらめきを与えるきっかけになります。
- お子さんが〈思いやり〉の資質を活かせる教室、学校、地域、教会のプロジェクトは何でしょうか。どのようにしたら誰かに手を貸せるかを考えてみてください。どんな機会があるか、子どもと一緒にアイデアを出します。たとえば以下のようなもの考えられるでしょう。

ex)・他の生徒の家庭教師をする、幼稚園児の友達になる　・ジュニア・スポーツ・チームのコーチを手伝う　・近所の公園を清掃する　・動物保護施設や養護施設でボランティア活動をする　・衣服の寄付や缶詰のフード・ドライブ〔助けあい運動〕に参加する　・国際援助の資金を集める

思いやりの資質が高い子を言葉で表すと……

心の広い／チアリーダー／友好的／包含力のある人／育成者／思いやり／献身的／ボランティア／親切な

お子さんへの質問

他の人を手伝うときに好きなやり方は何かな？　3つ教えて？
家族を大切に思っていることをどうやったら伝えられると思う？
どうやってクラスメートを後押しできる？
学校、地域、教会のプロジェクトにどう協力できる？

資質が行動に現れると……

〈**思いやり**〉の高い子——他の人を助けることを大切にしている。
〈関係力〉の高い子——人間関係を大切にしている。
〈**思いやり**〉の高い子——他の人は自分が元気づけてくれると信頼している。
〈信頼性〉の高い子——他の人は、自分が約束を守り通すと信頼している。

関係力 Relating

あなたは、友達を作り、その関係を長く続けることが好きなのです。もしかしたら一生続く縁を。あなたは自分のため、そして人のために友達の輪を広げていくのです。

アクション項目

関係力の資質が高い子向け

●友達という存在は、あなたの世界の大切な一部を占めています。もっと友情を深めたいと思っている人はいますか。そんな友人には、一緒に何かをしたり、他の友達と会ったりする機会にも誘うように心がけましょう。その人の家族、ペット、趣味などを知りましょう。そして、相手にもあなたのことを知ってもらうのです。一緒に過ごす時間が多ければ多いほど、よりよい友達になれるはずです。

●あなたなら、楽しく、すぐに友達になることも可能でしょう。友達のなり方のひとつは、シンプルに挨拶をして、相手の名前を覚えることです。毎週、ひとりひとりのことをもっとよく知りましょう。名前を覚え、毎日その人について何か新しい発見をするのです。そして共通の好きなことを見つけましょう。

●学校やクラスで何人の名前を覚えられるか、自分でチャレンジしてみましょう。毎週、覚えた名前をリストに記録します。リストが増えたら、友達の輪も広がるのです。

- 転校したときや、知り合いがいないパーティーなど、新しい環境では、人はたいてい緊張するものです。そんな人がいたら、サポートしましょう。すぐに歓迎して、名前を聞いたり、友達に紹介したりするのです。友達ができたと感じられれば、彼らも気が楽になるでしょう。
- 誰かに感謝したり、好きなところを伝えたりしましょう。そうすれば、その人にとって嬉しい1日になります。そして、お互い好感を持つでしょう。毎日、少なくとも2人にいいことを伝えるようにしましょう。簡単なこと、たとえば「鉛筆を貸してくれてありがとう」、「いい靴履いているね」など、廊下を歩いている際に声をかけるだけでいいのです。

アクション項目 関係力の資質が高い子の保護者向け

- お子さんに友達のことを聞きましょう。友達とどうなっているのかを話してもらい、その〈関係〉の才能に敬意を表します。聞くことが、お子さんを支持していることになります。アドバイスするのは、本人が求めてきたときだけにしてください。
- 人間関係には、いろいろな形や規模があります。お子さんはどういった形が一番仲良くなれるでしょうか。1人の相手と話しているときでしょうか。それとも、グループでしょうか。また、どういう人との付き合いが一番上手く行くのでしょうか。年下の子、同年代、それとも大人でしょうか。人間関係を築く才能を磨けるように、交流の機会を作りましょう。たとえば、出かけるときはお友達を一緒に連れていき、お友達も一緒に入れた勉強グループをアレンジする。また、お子さんに年下の子どもたちを助けるように頼むのもいいかもしれません。

●覚えておくべきなのは、お子さんの周囲への反応は、人間関係の影響を受けているということです。その日に人とどのような交流をしたかが、気分に反映されるでしょう。ですから親であるあなたはそれを個人的に受け止めないようにしましょう。お子さんの感情を理解し、認め、耳を傾け、その解釈を受けとめましょう。

関係力の資質が高い子を言葉で表すと……

友人／迎える人／チームプレーヤー／橋渡し／先生／感じのいい／開放的な／親しみやすい

お子さんへの質問

親友とはもう知り合ってどのくらいになる？

最近、友達を褒めたり、感謝したりすることはある？　今後、もっと感謝の気持ちを伝えていきたい人はいる？

もっとよく知りたい人はいる？　その人の好きなことを知るために、２つ質問をするとしたら、何を聞く？

自分のクラスでも他のクラスでもいいけれど、もっとたくさんの友達の名前を覚えるにはどうしたらいいかな？

資質が行動に現れると……

〈**関係力**〉の高い子——人とつながる。
〈発見力〉の高い子——思考やアイデアとつながる。
〈**関係力**〉の高い子——友情をつかむ。
〈競争力〉の高い子——勝利をつかむ。

競争力 Competing

あなたにとって、人生のたいていのことは勝負です。大きな喜びで満たされるのは、勝ったときです。負けるのは何より嫌い。なぜなら、常に1位を目指して努力しているからです。

アクション項目 競争力の資質が高い子向け

- 勝利はモチベーションの源です。家や学校、その他の活動で、あなたに備わっている「勝ちたい」という気持ちを活かしましょう。スポーツなら、何度も繰り返してスキルを磨けば、勝つ準備になります。学校の勉強なら、勉強を自分が勝てるゲームに変えてしまいましょう。部活で募金活動をするなら、誰が一番お金を集められるかというコンテストを提案しましょう。
- 他の人は勝てそうになかったら、諦めるかもしれません。しかし、あなたは考え続けます。勝つ方法をあれこれ試して、一番簡単で早い方法を探すのです。もしかしたらもっと早くゴールを切れる近道があるかもしれません。
- 何をするときも、測定する方法を考えてみましょう。バスケットボールのシュートを練習しているなら、連続して何本決められるかを記録します。お気に入りの曲を弾けるようになりたいなら、間違えずに何小節弾けるかを数えます。測定して数値化することで、あなたのパフォーマンスは向上するでしょう。

- 誰かと競争することで、よりよい成果が出せます。挑戦できる、ライバルの友人はいるでしょうか。または、何かに関して、あなたと同等か、あなた以上の実力のある友人はいるでしょうか。そのような友人のひとりと競います。よきライバルと競い合うと、お互いに腕を磨こうとして、最高の力を発揮するでしょう。
- 親や先生、兄弟姉妹など誰かに、今週絶対にやりたいことをひとつ話しましょう。その人に、チャレンジ目標の設定を助けてもらいます。2日間で単語の綴りを暗記できるか？ サッカーで35回ドリブルを成功できるか？ 新しく会った人の名前を5人分覚えられるか？ 結果や進み具合を報告する、と約束した相手がいると、チャレンジ意欲が増すでしょう。

アクション項目 競争力の資質が高い子の保護者向け

- 〈競争力〉の資質が高い子は、勝っても負けても強い感情表現をするかもしれません。喜んでいようと、怒っていようと、耳を傾けることで、子どもの気持ちを認めてください。場合によっては、その感情を乗り越える助けをしてください。こういった感情は、子どもの燃料になると理解しておきましょう。
- お子さんが自分の進歩や成功を測れるように工夫しましょう。これまでで最高のパフォーマンス、スコア、功績を記録しておきます。大きな成果のほか、日常的な活動、たとえば1週間のクラリネット練習時間や読書したページ数なども記録しましょう。
- 競うといっても色々な方法があります。お子さんに一番適した舞台を見つけましょう。スポーツなのか、芸術か、それとも学業なのか、はたまたクラブなのか。チームで競うのが得意か、個人で競う方が得意なのか。そのうえで他の人と競争するようにアレンジして、子どものスキルを伸ばしましょう。

競争力の資質が高い子を言葉で表すと……

勝者／測定者／比較／記録係／チャンピオン／熱烈な／比較する人／トップ・パフォーマー／結果志向

お子さんへの質問

今週、他の人よりも多くこなしたことや、もっとうまくできたことは何だった？

たったひとつだけ、本当にうまくなりたいことを挙げるとしたら、何を挙げる？　どんなチャレンジ目標を設けようか？

あなたと同じくらいか、あなた以上にできる友達はいる？　どうすれば、お互いに挑戦し合って、2人で一緒に成長できるかな？

成績を上げられるのはどのクラス？　どうしたら、「勉強」を「勝てるゲーム」にできる？

資質が行動に現れると……

〈**競争力**〉の高い子――他の人のパフォーマンスを見ると、上達する。
〈存在感〉の高い子――他の人が自分のパフォーマンスを見ると、上達する。
〈**競争力**〉の高い子――勝利がゴール。
〈達成力〉の高い子――目標完遂がゴール。

自信 Confidence

あなたは自分という人間を信じ、できると信じています。だから難しいことにも挑めます。必ずうまくできるという感覚があるからです。

アクション項目　自信の資質が高い子向け

- あなたは自分の意見をしっかり持っていて、それを言葉にして伝えるのが上手です。他の人が、何が正しい行動なのかよくわかっていないときは、自分が正しいと思うことをはっきり主張しましょう。あなたは自分の気持ちを言うことを恐れている人たちの代弁者になることができるのです。
- あなたは大きなことを計画するのが好きです。友人や所属しているグループの人たちも大きく考えられるように助けましょう。あなたの後押しがあれば、彼らはさらに重要なことができます。自分たちならそれを遂行できるという確信を築いてください。大きなことを考え、大きなことを達成するのです。
- 学校や地域のグループに積極的に参加することを検討しましょう。あなたには自信と推進力があります。グループはより大きな成功を手にするでしょう。
- スクールカウンセラーや、あなたが好きな先生に、将来学びたいことや達成したい目標について話しましょう。そして、目標達成の役に立つクラスやクラブを探します。〈自信〉の資質を活かして、新しいことに挑戦し続けてください。

● あなたは、無理なく自分の道を切り開けます。他の人が立ち止まるような壁があっても、あなたは別の道を見つけるでしょう。たいていの場合成功しますが、そうでないときもあるでしょう。落ち込んだら、どうすればもう一度挑戦できるか、または他のことで成功できるかを考えてください。自分ならできるという確信は、あなたを前進させ続けます。

アクション項目 自信の資質が高い子の保護者向け

● どうすれば、子どもの成果を土台に、成功をお膳立てできるでしょうか。お子さんが得意そうだけれども、まだ試していないことはありませんか。お子さんの〈自信〉の資質を活かせる一番よい方法を考えて、さらなる成功につながる活動を選択してください。

● 〈自信〉の資質によって、お子さんはポジティブな状況にも逆の状況にも行くことがあります。大きく考え、大きく達成するのが好きだからです。子どもが何を達成したいのか、どうすれば一番よい方法でそれを実現できるのかを明確にする手助けをしてあげましょう。

● お子さんの自信は、失意の底から立ち上がるための忍耐力にも、前進するための燃料にもなります。しかし、必要なときには励まし、支える心づもりをしておきましょう。同級生の多くが逃げ出してしまうような状況でもうまく進める能力をお子さんが持っていることに感謝しましょう。

自信の資質が高い子を言葉で表すと……

導く人／インフルエンサー／確かな／勝負師／統制／自己を認識している／リーダー／自立心のある／自分でできる

お子さんへの質問

一番誇りに思っていることは何？
自分が正しいと思うことをはっきりと口にしたことはある？　それからどうなった？
新しく挑戦してみたいことは何かな？
楽しみにしている成果は何でしょう？

資質が行動に現れると……

〈**自信**〉の高い子――自分を信じている。
〈思いやり〉の高い子――他人を信じている。
〈**自信**〉の高い子――確信がある。
〈発見力〉の高い子――好奇心がある。

信頼性 Dependability

信頼はあなたにとって大事なものです。ですから、自分が頼りになる、信用できると思われるように努めます。人々は、あなたがやると言ったことを必ずやってくれると思っています。あなたが約束をしたら、それは「約束を果たす」という意味です。

アクション項目 信頼性の資質が高い子向け

- 他の子たちは、大事な役目や課題を済ますのに、あなたよりも多くのリマインダー（何かをすることを思い出させるための声かけや合図など）をしてもらわないといけないかもしれません。ですから毎日、親や先生から言われる前にいくつ終わらせられるかやってみましょう。聞かれても「もう終わってるよ」と答えられ、言われる前に学校の宿題や家事に取りかかっている。そんな自分に胸を張りましょう。
- 自分がやると言ったことをやる。それは、あなたにとって大切なことです。あなたは約束を守ることが好きで、約束を守れば信頼につながることを知っています。ですから、約束をする前に、それが守れるものかどうかよく考えましょう。そして、胸を張れる評判を築いていきましょう。
- あなたはたいてい、正しい行為とそうでないことの見分けがつきます。もしあなたの友達が、トラブルになりそうな、または誰かの気持ちを傷つけそうなことをしようとしていたら、それに合わせてはいけません。どう伝えたら、友達の気持ちが変わるでしょうか。よき手本となり、友達を助けましょう。むしろ感謝されてびっくりするかもしれません。

●あなたは信頼されているので、他の人には知られたくないことでも打ち明けられることがあるかもしれません。そして、自分が信頼に値することを、その秘密を守って示します。しかし、もし他の誰かもそれを知った方がいいと思うなら、友達が勇気を出してよい方向へ進むよう行動するのを助けましょう。もし、友達がその人に話す際に助けがいるなら、そばにいることを申し出てみましょう。

●あなたは、頼られることが好きです。そして、もっと責任を担うことは、もっと多くの人を助けられることになります。あなたが引き受けられることを新しくひとつ考えて、先生や親、コーチ、近所の人などを助けましょう。毎週あるものでも、一度きりのものでも構いません。たとえば次のようなアイデアがあります。

ex)・留守番　・横断歩道の見守り活動　・給食当番　・公園の清掃　・ベビーシッター　・芝刈り、落ち葉掃除、雪かき

アクション項目　信頼性の資質が高い子の保護者向け

●責任を負うためには、子どもがその仕事に対して心理的に当事者意識を持たなくてはいけません。仕事をあてがうのではなく、本人が自分で選択することが大切です。どんなプロジェクトなら、引き受けたいとワクワクするでしょうか。まだやったことのない有意義な機会は何でしょうか。お子

さんがアイデアを出せるようにサポートしてください。

●子どもが同級生よりも役割を担っているのを見たら、それを認めて伝えましょう。子どもの努力、信頼、信用に感謝していること―そして、子どもの責任感が変化をもたらしていることを、わかってもらいましょう。

●お子さんを信頼して、自分のアイデアや考え、気持ちを伝えてください。そして、他の人もあなたのお子さんと、アイデアや考え、気持ちを共有していることに気づきましょう。「私があなたを頼りにしているように、他の人も頼りにしているんだね」と伝えれば、子どもの〈信頼性〉の資質を認めることになります。

信頼性の資質が高い子を言葉で表すと……

担う人／忠実／献身的な／応える人／意欲的な／自立心のある／ボランティア／頼りになる

お子さんへの質問

毎日するべきことのうち、好きなことを3つ教えて？
年下の子に、どんな風にお手本になれる？
家庭や学校、地域社会で、新しくやってみたい役目をひとつあげるとしたら何だろう？
一番好きな仕事は何？　それを頼りにしているのは誰かな？

資質が行動に現れると……

〈**信頼性**〉の高い子――正しくできないと落ち込む。
〈競争力〉の高い子――勝てないときに落ち込む。
〈**信頼性**〉の高い子――約束が胸にある。
〈達成力〉の高い子――成功が頭にある。

存在感 Presence

あなたは教室でみんなの前で語り、先頭に立つために生まれてきました。他の人たちは、あなたを見つめながら話に耳を傾けるでしょう。

アクション項目 存在感の資質が高い子向け

- 人は自然とあなたが話すことを聞くようです。あなたが誰かについて話したことや、参加する活動は、人に影響を及ぼします。あなたの〈存在感〉の資質をどのように使えばポジティブな変化を起こせるか考えてみてください。クラス、学校、または地域社会をよりよくできるでしょう。
- 注目を集め、話を聞いてもらう方法はいろいろあります。どうやったら聞き手の心をつかめるか、周りの人にアイデアを聞いてみましょう。どれが一番うまくいくでしょうか。速く話す、ゆっくり話す、大きな声で話す、優しく話す、間をおいて話す……。司会者、進行役、何かのプログラムのナレーションを担当するなど、機会があったら引き受けましょう。話をする練習になります。
- たくさん笑うことは、よいことです。あなたはどんな冗談を言う人と思われたいでしょうか——みなをいい気分にさせるものでしょうか、それとも人を傷つけるようなものでしょうか。聞き手の前（友人や家族、あるいはクラスで読書感想文を読むようなときでさえ）ではいつも、人を貶めるのではなく、人の評価を高めるようなユーモアを言いましょう。

●すばらしい話し手や俳優、発表者になりたいですか。あなたが会った人、テレビやビデオで見た人の中で、みなが本当に好きな人は誰でしょうか。そんな人を見たら、彼らのうまいところに気づいて、あなたが話したり発表したりするときにうまくいくか試してみましょう。

●多くの人にとって、人前で話したり、講演したり、演じることは怖いことです。スピーチや冗談、ストーリーを語る練習を何度もすると、自信が高まります。人前で話す際、心の中では緊張していても、練習していれば他の人には悟られないようになるでしょう。

アクション項目　存在感の資質が高い子の保護者向け

●お子さんの聴衆や観客になってください。それがたとえ台所で2人きりのときも、人でいっぱいの講堂でも、同じです。お子さんは反応が欲しいのです。拍手したり、笑ったり、アンコールをしましょう。そして子どものパフォーマンスの才能をわかってくれる人を探すのです。祖母を招いて、ジョークを飛ばすのはどうでしょうか。部屋にもうひとり呼んでみてはいかがでしょうか。何かクラスを教えられでしょうか。ほかにも才能を伸ばすためのアイデアを考えましょう。

ex)・パフォーマンスに関連したクラスやレッスン（歌や演技、ダンスなど）を受ける
・スピーチ、合唱、バンド、演劇などに参加する
・パフォーマンスを披露する。機会があれば、バラエティやタレント番組、誕生日会、祝祭日、集会、スポーツイベント、老人ホーム、家族の集まり、礼拝所などで挑戦させましょう

●お子さんのパフォーマンスの一番よかったところを振り返ります。それは大きなものでも、ちょっ

としたものでも構いません。みていた人のポジティブな反応、つまり表情や、ジェスチャー、ボディランゲージなどを本人に伝えます。そして笑いを誘ったタイミングや、ドラマチックな間など、気づいたことを褒めましょう。言葉選びがよかったら、それを肯定しましょう。パフォーマンス自体がすばらしくても平凡でも関係ありません、お子さんの一番よかったところを力説してください。

● お子さんが練習するのをサポートしましょう。カードを使った手品、歌、読書感想文など、練習すれば上達します。また、自分の作ったものを試してみる余地を与えてください。

存在感の資質が高い子を言葉で表すと……

パフォーマー／熱烈な／華やかな／社交的な／憧れられる／影響力のある／スター／成功した

お子さんへの質問

他の人が自分の話を本当に聞いているかどうか、どうすればわかるかな？　相手の関心を惹きつけるにはどうしたらいいと思う？

この1週間、誰かを笑わせた？　どんなことをして、どんなことを言ったの？

観ていて、または聞いていて、いいと思う人は誰かな？その人のパフォーマンスのどこが好き？

もっとうまくなりたいことは何？　誰に練習やリハーサルを手伝ってもらえる？

資質が行動に現れると……

〈**存在感**〉の高い子――見られたい・聞かれたい。
〈発見力〉の高い子――問いたい・学びたい。
〈**存在感**〉の高い子――惹きつけたい。
〈競争力〉の高い子――勝ちたい。

達成力 Achieving

あなたはたいていの人より、エネルギーに溢れ、目標もたくさんあります。達成感が大好きなのです。

アクション項目

達成力の資質が高い子向け

- いつも何かに取り組んでいるあなたを、人は「セルフ・スターター」〔指示されなくても自発的に動ける人〕と言うかもしれません。あなたがやってみたいすべてのことを考えてみましょう。そしてそれをリストにして、そのうちどれが一番大切かを決めます。決まったら、それから取り掛かりましょう。
- あなたにとってチャレンジするのは大切なことです。リストのすべての項目がやさしいと、面白くないかもしれません。いくつか大きな目標も設定しましょう。たとえば、外国語を学ぶ、試合で3ゴール決める、曲を作る、自分でスケートボードを学ぶなど、やってみたいものを考えます。目標を設定するなら、達成した自分が本当に誇りに思えるものにしましょう。
- あなたが一番調子が出るのは、忙しく活動的なとき。朝起きて、自分にエンジンをかけるための行動を見つけましょう。まだやったことのないことで、目標達成に役立つ取り組みはできないでしょうか？　たとえば、朝早く起きて、ギターを弾いたり、読書をしたり、運動したり、宿題をしたり、などです。

●あなたは人一倍一生懸命、かつ長時間、物事に取り組むことができます。お手本となって、チームや大きなプロジェクトで一緒に働いている人たちをやる気にさせましょう。ときにはたったひとりの頑張り屋が、グループ全体をより多くのことを完了させる力になります。

●自分が参加したら、目標達成の役に立ちそうなグループはありますか？　教会や学校などで、ボランティア団体に参加することを考えてみてはどうでしょう。そこは、あなたの働き者の才能にぴったりの所かもしれません。重要な結果を出すために活かすことができます。

アクション項目　達成力の資質が高い子の保護者向け

●〈達成力〉の高い子は、他の子よりもエネルギーがあります。お子さんがどのようにエネルギーを発散するのが好きなのかを考えてみましょう。関心がありそうな活動やプロジェクト、責任など、何か勧められるものがあるでしょうか。

●日々の終わりに、お子さんがその日やり遂げたことがあると実感できるようにしましょう。その日、何を達成したのか、聞いてみてください。そして、お子さんが語る成功談に耳を傾け、感謝し、認めましょう。あなたの気づきもすべて伝えましょう。

●どうしたらお子さんの成果を最もよい形で一覧にできるでしょうか。子どもが成し遂げたことを展示する方法を見つけましょう。写真にして壁に飾る、スクラップブックを作る、ポートフォリオを作る、冷蔵庫に貼る、毎日、毎週、毎月の成果をリスト化する……などもよいでしょう。

達成力の資質が高い子を言葉で表すと……

セルフ・スターター／自立心のある／激烈／働く人／完走者／自発的な／生産者／やる気のある／生産的／実行する人／勤勉な／大志

お子さんへの質問

今週、やり遂げたことのうち、好きなことは何だった？

今日、どう行動して目標を達成した？

最近、どんなふうに褒められたときに一番嬉しかった？　それは、どんなことだったの？

難しいけど挑戦してみたいと思う目標は何？

資質が行動に現れると……

〈**達成力**〉の高い子――成し遂げたい。
〈競争力〉の高い子――勝ちたい。
〈**達成力**〉の高い子――やるべきことをやる。
〈信頼性〉の高い子――やると言ったことをやる。

発見力 Discoverer

あなたは、考える人であり、学ぶ人でもあります。ですから、アイデアを問い続けて、結びつけて考えることにワクワクします。「どうやって?」「なんで?」とよく尋ねているかもしれません。

アクション項目

発見力の資質が高い子向け

●自分がとても興味のある科目や分野を1、2個選んでください。それらを調べて、エキスパートを目指しましょう。同学年の誰よりも詳しくなれるでしょうか。あなたは学校以外でも自分でアイデアを探究することが好きなので、それを活かして、成績を上げるのに役立てましょう。

●あなたは物事の仕組みを突き止めるのが上手です。ですからモノを分解して、どのように作られたのかを解明できるように、そのための場所を作るのもよいでしょう。

●共通の関心を持っている人を見つけて、話してみましょう。お互いに自分の知っていることを教え合い、アイデアを新しい、違った角度から見て学べます。一緒に話していると、共通の関心についてさらに新しい発見があるかもしれません。あなたのアイデアは、さらなるアイデアを生み出すからです。

●アイデアの探究にインターネットを活用します。子どもがリサーチできる優れたインターネットサイトのリストを作り、リストを先生や友人と共有したら、そこにみんなのお気に入りのサイトも加えましょう。みなからは感謝され、あなたも新しいことを学べるサイトをリストに増やすことができます。

●あなたは、何かを始める前に、できるだけ多くの情報や知識を集めるのが好きでしょう。ときに、アイデアが浮かぶとすぐさま始めようとする人もいます。「理性の声」となり、まずは事実を集め、それについてもっとよく知るのを助けましょう。

アクション項目

発見力の資質が高い子の保護者向け

●教室内外で、子どもが何を勉強しているのか聞いてみましょう。お子さんの探究心をどのように応援できるでしょうか。読書、実験、組み立て、分解、遠足など……いろいろ異なるアプローチを使って、子どもが学んだことを一体化し、深めていきましょう。親である自分を学ぶ側の人と位置づけて、子どもには専門家になってもらうのです。

●お子さんがどのように学ぶのが好きなのかを観察し、尋ねます。「どうやって?」「なんで?」と問い続けられるように、その子の学習スタイルをフル活用しましょう。自分で組み立てたり、学びを深めたり、読書や自分のプロジェクトに取り組んだりできる、片付けの必要がない特別なスペースを作ってあげられるでしょうか。必要に応じて、見守ったり、質問したり、手を貸すなどして、お子さんのやっていることに関心を見せてください。

●お子さんは非常に関心を示しても、あっという間に飽きることがあります。お子さんにとってワクワクするのは新しいことを始めることなので、古いものを終わらせるよりも、次の刺激的なプロジェクトに移ろうとするかもしれません。興味を持続させるには、まず面白そうな科目や題材をリストアップすることから始めて、子どもがその中から自分へのおすすめを見つけるようにします。

発見力の資質が高い子を言葉で表すと……

探検家／生徒／勉強好きな／エキスパート／好奇心／探究心／学習者／興味深い／情熱的な

お子さんへの質問

今週、気に入っている新しいアイデアは何？

質問すると楽しい相手は誰かな？　その人は何についてよく知っているの？

何についてもっと学びたい？

もし、自分で授業内容を考えて教えるとしたら、何についてするかな？

資質が行動に現れると……

〈**発見力**〉の高い子――自分の世界をわかりたい。

〈オーガナイザー〉の高い子――自分の世界を整えたい。

〈**発見力**〉の高い子――目の前の物事が、何なのかと質問する。

〈夢想力〉の高い子――目の前の物事が、どうなるかを質問する。

夢想力 Future Thinker

あなたは、頭の中に未来を描き、夢見ることにワクワクします。何ができないかではなく、何が可能か考えます。

アクション項目 夢想力の資質が高い子向け

- あなたは頭の中で物語や場面を繰り広げます。すると、可能性があることについての舞台が設定され、将来自分が取る行動のリハーサルになるのです。高校や大学で、あるいは就職先で、やりたいことに取り組んでいる自分を想像してください。あなたはどこにいて、誰と話していて、どんな姿で、何をしていますか。
- あなたは通常、深く考えます。時間を取って、空想にふけったり、何か生み出したり、あれこれ考えたり、探求したり、好きなアイデアとアイデアをつなげたりしましょう。ただ考えるための時間を持つことは大事なのです。そうしたいときに行く所が決まっている人もいるでしょう。
- 未来のどんなところが好きなのでしょうか。何にワクワクしますか。またはどんな可能性があるでしょうか。漫画やＳＦ映画、小説などに、未来の姿にひらめきをくれるものはありますか。技術や発明についてはどうですか。未来についてもっと知れるよう、毎週、何か読んで行動する機会を作りましょう。

- 生徒会役員やテニスプレーヤー、教会の青少年指導者、はたまたボランティアになっている自分を想像できるでしょうか。そのような役割についている人たちはどんな行動を取っているか、観察してみましょう。そして、もし自分が彼らの立場だったらどうするか、何と言うかを想像します。会話や行動を頭の中で演じることで、自信がつき、将来へ向けた準備になります。
- 大人になったとき、あなたの生活はいまとどう違うでしょうか？　何をもっと知りたいでしょうか？　質問を尋ねることは、未来について考え、計画するのに有効です。毎日、よい質問をひとつ見いだしましょう。自分自身や他の人に質問して、この先のことをもっと知りましょう。

アクション項目　夢想力の資質が高い子の保護者向け

- お子さんが描いている未来を、言語化する機会を作ります。シンプルに聞いてみましょう。たとえば、「来年は何をしていると思う？」「いまから2年後はどうかな？」。それらについての子どものビジョン、先見の明を受け入れましょう。
- あなたも未来に起こるかもしれないことを考えたら、その考えやアイデア、夢をお子さんと共有しましょう。あなたが共有すれば、子どもの考えは膨らむはずです。また、未来を語るのはすばらしいことだと認められた気持ちにもなるでしょう。
- お子さんの未来をよく見つめたとき、目標達成のために親子でとるべきステップは何でしょうか？　あなたはそれに備えて何をしなければなりませんか？　お子さんの未来のビジョンに沿って、人に会ったり、活動を選んだり、機会を探すのを助けましょう。

夢想力の資質が高い子を言葉で表すと……

夢想家／ビジョナリー／イラストレーター／想像力豊か／クリエイティブ／表現力のある／希望に満ちた／感化する／未来志向

お子さんへの質問

未来に何を望む？　ワクワクすることは何？　何ができるようになっていると思う？
大人になったとき、あなたの生活はどう変わっているかな？
来年の自分は何をしていると思う？　5年後はどうかな？
自分自身について描く夢はどんなかな？

資質が行動に現れると……

〈**夢想力**〉の高い子――未来について質問する。
〈発見力〉の高い子――現在について質問する。
〈**夢想力**〉の高い子――よりよい世界を見ることができる。
〈オーガナイザー〉の高い子――自分の世界は、整っているときによりよくなる。

謝辞

ずいぶん前から、父と私は強みを活かした子育てのアイデアを温め始めました。私たちは、才能の能力開発を、時代や場所を超えさまざまな形で展開する中で見てきました。ですからそのすばらしい事例とともに、最高の形で、人のよい所に焦点を当て、紹介したいと思いました。

こうして研究は、大人と子どもの強みと、私たちの人材開発への理解によって形づくられていきました。同時にクライアントやコーチ、さまざまな形でクリフトン・ストレングスを経験した人たちからは、ひっきりなしに質問が寄せられました。どうしたら自分の最も大切な存在――つまり、家族――に、これを活かせるのか、と。その問いへの私たちの回答が、この『子どもの「強み」の育て方』です。本書の締めくくりにあたり、父、ドン・クリフトンの限りない知識と仕事に感謝したいと思います。彼の研究とアイデアは今日も続いています。もちろんこれは、彼の生涯のパートナーであり、私の母である、シャーリーなしには起こり得ませんでした。彼女は何十年も、私たち家族をつなぐ、「架け橋」でした。

本書は親子についての本です。ですから、家族への感謝を伝えたいと思います。それぞれが個人的にも仕事でも重要な役割を果たしてくれました。アドバイスや方向性、サポートから、実際に起こったできごとまで。実のところ私はいつも肉親や親族の話すことに耳を傾け、情報を集め、観察していました。子どもたち、Mike、Andy、Lauren、Mark、夫Matt Reckmeyer、兄弟姉妹であるConnie Rath、Jim Clifton、Jane Miller、ありがとう。

専門的見地から加筆、削除、知識を共有してくれた執筆・編集パートナー、Geoff Brewer、Kelly Henry、Jennifer Robison、そして本書の制作とデザインを手伝ってくれたSamantha Allemang、Trista Kunce、Chin-Yee Laiのチームメンバー。

多くのギャラップの同僚が考察、調査、コンテンツ、引用、アクション項目、事例を加えてくれました。Curt Liesveld、Jim Harter、Jim Asplund、JerLene Mosley、Brandon Busted、Tom Rath、Tom Matson、Rosanne Liesveld、Nancy Oberst、Gale Muller、Tim Hodges、Diann Kroos、Mandy Shelsta、Heather Wright、Scott Wright、Shane Lopez、

Jon Clifton、Seth Schuchman、Ed Miller、Gwen Elliott、Valerie Calderon、Jennifer Gardner、Jim Krieger、Phil Ruhlman、Mark Pogue、Paul Allen、Kristin Gregory、Johnathan Tozer、Emily Meyer、Gina Higgins、Leigh Gobber、そして、子ども発達センターのすべての先生たち。

経験を共有してくれた世界中のストレングスコーチ、また、保護者、子ども、教育者、そして私の隣に座った方々、ありがとう。過去40年、飛行機で私の隣になった方々は、私がなぜ子どもの頃についてこんなに質問するのかと戸惑ったことでしょう。このほか、スポーツなどの観客席やフォーカスグループでも、いろんな方の優秀さの片鱗を目撃しました。

この本がここにあるのは、数え切れないほどの人々のおかげです。老若男女、ありとあらゆる職業において、人の才能の開発に貢献した多くの人の仕事、洞察、調査のおかげなのです。子どもを育てるにはたくさんの人の協力(ヴィレッジ)が必要です。そして、親子の本を作るにも、たくさんの人の協力が必要なのです。知恵、経験、研究、縦断的な視点を分かち合ってくれたたくさんの人に心から感謝します。

著者

訳者あとがき

子どもが強みを軸に生きる。

それは、親が子にできる、最高の贈り物かもしれません。

そのためにはまず親である「あなた」のことから始めましょう。自分の強みを認められずに他人の強みは認められないものです。にもかかわらず、私たちはこれまで、誰からも親としての強みを教わったこともなく、むしろ日々起こるさまざまな「事件」を前に、自分に親としての強みがあるなど思いもしなかったのではないでしょうか。

あなたの次に子どもの強みを知りましょう。付録2「ストレングス・スポッティング」の10資質のうち、お子さんに強い可能性があるのは1つではなく3つを目安に観察します。強みは、資質の組み合わせでできています。

強みを把握したらお子さんと話しましょう。説明やアイデアで共感するところや、質問集の質問、また、付録3「クリフトン・ユース・ストレングス・エクスプローラー」の「資質を表す言葉」を組み合わせたり、自分のキャッチフレーズを作ったりするのもよいでしょう（エクスプローラーのアセスメントは日本語未対応ですが、参考に載せています）。そしてあなたの資質についてもぜひお子さんに感想を聞いてみてください。またどの資質も「自分のため」から「他者のため」に活かすことを意識しましょう。

親が「大丈夫かしら」と悩んだり、子どもが「自分なんて」と自信を失ったりするのは、他人と比べたときが多いはず。比較は大切ですが、他者軸だけでなく強みの自分軸があれば、「自分は自分」と思え、強みを使って弱みに対処できます。親も「これがこの子が進む道」と思え、動じなくなるでしょう。

そしてもし、あなたが親ではなく子どもなら、たとえ親があなたの才能に関心がなくても、自分の強みに気づけば羽ばたけます。好きで上手なことをどんどんやってください。

最後に、私はこの翻訳を、子どもたちの愛と応援により完了できました。ありがとう。私も何度も思いました。ダメな母親だ……。気づけば彼らは、ストレングスコーチの私よりずっと応援上手に成長しました。それも、それぞれの個性溢れるやり方で。育てたつもりが、彼らが私を育ててくれました。

親子は人生の旅路のある区間を共にする、成長と成熟に影響を与え合う存在なのでしょう。そしていつの日か子が別の道へ旅立つために、お子さんの中に強みという軸と武器を育ててください。それがあれば、どんな道も切り開いていけます。そして、好きで得意なことを磨き上げ、周囲を照らすでしょう。あなたとお子さんの旅が、これまで以上に豊かで笑顔溢れるものになりますように。

古屋博子

2022年9月

Lopez, S.J., & Louis, M.C. (2009). The principles of strengths-based education [Electronic version]. Journal of College and Character, 10(4).
Reavis, G. (n.d.). The animal school: A fable. Retrieved April 24, 2015, from http://agsc.tamu.edu/384/AnimalSchool.pdf

第７章　信じる・支える・感謝する

Hammond, W. (2014). Preparing our children to thrive: A strengths-based approach to parenting. Retrieved June 9, 2015, from http://www.esd.ca/Programs/Resiliency/Documents/Preparing%20our%20children%20to%20Thrive.pdf

付録１　クリフトン・ストレングス

Discover your strengths. (n.d.). Retrieved June 4, 2015, from http://www.gallup.com/products/170957/clifton-strengthsfinder.aspx
Gallup created the science of strengths (n.d.). Retrieved June 4, 2015, from https://www.gallupstrengthscenter.com/Home/en-US/About

付録２　ストレングス・スポッティング

Caspi, A., Harrington, H., Milne, B., Amell, J.W., Theodore, R.F., & Moffitt, T.E. (2003). Children's behavioral styles at age 3 are linked to their adult personality traits at age 26. Journal of Personality, 71, 495-514.

付録３　クリフトン・ユース・ストレングス・エクスプローラー

Asplund, J.W., Harter, J.K., & Lopez, S.J. (2015). Clifton Youth StrengthsExplorer technical report: Development and initial validation. Washington, D.C.: Gallup.

本文イラスト：frimages

第５章　子どもの強みを知る

Butterman, E. (August 2013). A teenager's dream: Algae. ASME.org. Retrieved September 9, 2015, from https://www.asme.org/engineering-topics/articles/renewable-energy/a-teenagers-dream-algae

Caspi, A., Harrington, H., Milne, B., Amell, J.W., Theodore, R.F., & Moffitt, T.E. (2003). Children's behavioral styles at age 3 are linked to their adult personality traits at age 26. Journal of Personality, 71, 495-514.

McGraw, C. (2013, March 13). Cheyenne Mountain senior wins $100,000 science award. The Gazette. Retrieved September 9, 2015, from http://gazette.com/cheyenne-mountain-senior-wins-100000-science-award/article/152201

McMahon, M. (2015, February 26). Strengths-based parenting. How to build on the positive [blog post]. Retrieved June 10, 2015, from http://upparentingcreek.com/strengths-based-parenting-how-to-build-on-the-positive/

Sara Volz — science is for all ages [TEDxOrangeCoast event]. (2013, November 2). Retrieved September 9, 2015, from http://www.tedxorangecoast.com/videopick/sara-volz-science-ages/

Sara Volz, 17-year-old, makes groundbreaking algae biofuel lab in her bedroom and wins $100,000 scholarship. (2013, March 29). The Huffington Post. Retrieved September 9, 2015, from http://www.huffingtonpost.com/2013/03/29/sara-volz-17-year-old-mak_n_2979408.html

TEDxOrangeCoast 2013 speakers. Sara Volz. Retrieved September 9, 2015, from http://www.tedxorangecoast.com/speakercat/2013/

第６章　強み重視の学校を選ぶ

Bronson, P., & Merryman, A. (2009). NurtureShock: New thinking about children. New York: Twelve.（邦訳『間違いだらけの子育て――子育ての常識を変える10の最新ルール』インターシフト）

Busteed, B. (2014, September 25). The blown opportunity. Inside Higher Ed. Retrieved February 4, 2015, from https://www.insidehighered.com/views/2014/09/25/essay-about-importance-mentors-college-students

Calderon, V. (2014, April 14). How to spot and develop extreme teaching talent. Retrieved February 10, 2015, from http://www.gallup.com/opinion/gallup/173618/spot-develop-extreme-teaching-talent.aspx

Chetty, R., Friedman, J.N., & Rockoff, J.E. (2014, March 1). The long-term impacts of teachers: Teacher value-added and student outcomes in adulthood. Retrieved February 4, 2015, from http://obs.rc.fas.harvard.edu/chetty/value_added.html

Clifton, D.O., & Nelson, P. (1992). Soar with your strengths. New York: Delacorte Press.

Gallup. (2014). State of America's schools: The path to winning again in education. Washington, D.C.: Gallup.

Gallup & Education Week. (2014, July 1). Understanding perspectives on American public education: Results of a Gallup-Education Week survey of K-12 school district superintendents. Washington, D.C.: Gallup.

Gallup, Purdue University, Lumina Foundation, & Healthways. (2014). Great job, great lives: The 2014 Gallup-Purdue Index Report. Washington, D.C.: Gallup.

Gordon, G. (2013, July). School leadership linked to engagement and student achievement. Washington, D.C.: Gallup.

Highlights of the 2012 PDK/Gallup poll: What Americans said about the public schools [Electronic version]. (2012). Phi Delta Kappan, 94, 8-25.

Levine, M. (2005). Ready or not, here life comes. New York: Simon & Schuster.

2015, from http://coaching.gallup.com/2013/11/the-purpose-of-life-and-playing-to-your.html
Streeter, R., & Peterson, R. (2012, October 21). Spielberg: A director's life reflected in film. 60 Minutes. [Television broadcast]. New York: CBS News.

第３章　子育てに「正しい」やり方などない

All Nobel Peace Prizes. (n.d.). Retrieved July 1, 2015, from http://www.nobelprize.org/nobel_prizes/peace/laureates/

Angley, N. (2011, September 6). Changing the world through art. CNN. Retrieved January 28, 2015, from http://www.cnn.com/2011/US/08/19/jeffhanson/

Brazelton, T.B., & Greenspan, S.I. (2000). The irreducible needs of children: What every child must have to grow, learn, and flourish. Cambridge, MA: Perseus Publishing.（邦訳『こころとからだを育む新育児書』明石書店）

Brendtro, L.K., Brokenleg, M., & Van Bockern, S. (2009). Reclaiming youth at risk: Our hope for the future (Rev. ed.). Bloomington, IN: Solution Tree.

Friedman, L. (2013, July 22). Legally blind artist raises $1 million with his art. USA Today. Retrieved January 28, 2015, from http://www.usatoday.com/story/news/nation/2013/07/21/legally-blind-artist-painting/2499559/

Grandin, T. (2002, January 1). Animals are not things. Retrieved December 9, 2014, from http://www.grandin.com/welfare/animals.are.not.things.html

Grandin, T. (2009). How does visual thinking work in the mind of a person with autism? A personal account. Philosophical Transactions of the Royal Society B: Biological Sciences, 364(1522), 1437-1442.

Grandin, T., & Johnson, C. (2006). Animals in translation: Using the mysteries of autism to decode animal behavior. Boston: Harcourt, Inc.

Hanson, H. (2013). Lessons from CLOD: An inspiring story of art, philanthropy and entrepreneurship. United States: Harold Hanson.

Reckmeyer, M., deBrown, K., & Muller, G.D. (1985). Significant adult parenting processes. Lincoln, NE: SRI Perceiver Academies, Inc.

Stumbling blocks for the autistic — often conceptions rather than ability. (n.d.). Retrieved December 9, 2014, from http://www.templegrandin.com/

Temple Grandin biography. (n.d.). Retrieved April 27, 2015, from http://www.biography.com/people/temple-grandin-38062

Watson, J., & Watson, R. (1928). Psychological care of infant and child. New York: W.W. Norton & Company.

Withey, L. (2002). Dearest friend: A life of Abigail Adams. New York, NY: Touchstone.

第４章　あなたの子育ての強みは？

Asplund, J., Agrawal, S., Hodges, T., Harter, J., & Lopez, S.J. (March 2014). The Clifton StrengthsFinder 2.0 technical report: Development and validation. Washington, D.C.: Gallup.

University of Melbourne. (2015, May 27). Strength-based parenting improves children's resilience and stress levels. ScienceDaily. Retrieved July 1, 2015, from http://www.sciencedaily.com/releases/2015/05/150527103106.htm

Wagner, R., & Muller, G. (2009). Power of 2. New York: Gallup Press.

jason-wus-inaugural-nod-18319315
Positivity. (n.d.). About the author. Retrieved January 22, 2015, from http://www.positivityratio.com/author.php

Rath, T. (2007). StrengthsFinder 2.0. New York: Gallup Press.（邦訳『さあ、才能《じぶん》に目覚めよう 新版ストレングス・ファインダー2.0』日本経済新聞出版）

Rath, T., & Clifton, D.O. (2004). How full is your bucket?: Positive strategies for work and life. New York: Gallup Press.（邦訳『新装版 心のなかの幸福のバケツ』日本経済新聞出版）

Sherr, L. (2014, January 11). Neil deGrasse Tyson: Cosmo's master of the universe. Parade. Retrieved April 24, 2015, from http://parade.com/249139/lynnsherr/neil-degrasse-tyson-cosmos-master-of-the-universe/

Wilson, E. (2009, January 23). The spotlight finds Jason Wu. The New York Times. Retrieved April 28, 2015, from http://www.nytimes.com/2009/01/25/fashion/25WU.html?emc=eta1

第２章　弱みは矯正できるのか？

Asplund, J. (2012, September 27). When Americans use their strengths more, they stress less. Retrieved May 19, 2015, from http://www.gallup.com/poll/157679/americans-strengths-stress-less.aspx

Asplund, J. (2013, December 27). In U.S., using strengths more may be the best pain medicine. Retrieved May 19, 2015, from http://www.gallup.com/poll/166604/using-strengths-may-best-pain-medicine.aspx

Bernstein, F. (1986). The Jewish mothers' hall of fame. Garden City, NY: Doubleday.

Bernstein, F. (1990, December). The world is going to hear of this boy. Retrieved December 15, 2014, from http://www.fredbernstein.com/articles/display.asp?id=45

Bloom, B.S. (1985). Developing talent in young people. New York: Ballantine Books.

Buckingham, M. (2001, March 16). Focus on your strengths or fix your weaknesses? Retrieved January 22, 2015, from http://www.gallup.com/poll/1894/focus-your-strengths-fix-your-weaknesses.aspx

Clifton, D.O., & Nelson, P. (1992). Soar with your strengths. New York: Delacorte Press.

Daskal, L. (2014, October 9). 100 motivational quotes that will inspire you to succeed. Retrieved June 4, 2015, from http://www.inc.com/lolly-daskal/100-motivational-quotes-that-will-inspire-you-to-succeed.html

Dudley-Marling, C. (2007). Return of the deficit. Journal of Educational Controversy, 2(1). Retrieved September 9, 2015, from http://cedar.wwu.edu/cgi/viewcontent.cgi?article=1028&context=jec

Grover, R. (1998, July 13). Steven Spielberg: The storyteller. Retrieved December 15, 2014, from http://www.businessweek.com/1998/28/b3586001.htm

Gupta, P. (2012, October 20). Five things you probably didn't know about Steven Spielberg. Retrieved December 15, 2014, from http://www.salon.com/2012/10/22/five_things_you_probably_didnt_know_about_stephen_spielberg/

Petrosino, A., Turpin-Petrosino, C., & Buehler, J. (2004, April 4). "Scared straight" and other juvenile awareness programs for preventing juvenile delinquency. Retrieved April 24, 2015, from http://www.campbellcollaboration.org/

Rath, T. (2007). StrengthsFinder 2.0. New York: Gallup Press.（邦訳『さあ、才能《じぶん》に目覚めよう 新版ストレングス・ファインダー2.0』日本経済新聞出版）

Rodriguez, C. (2014, June 26). Watch: Steven Spielberg talks dyslexia, "The Goonies" & how the movies saved him. Retrieved December 5, 2014, from http://blogs.indiewire.com/theplaylist/watch-steven-spielberg-talks-
dyslexia-the-goonies-how-the-movies-saved-him-20140626

Spence, R. (2013, November 22). The purpose of life and playing to your strengths. Retrieved May 15,

参考文献

イントロダクション

Dovey, D. (2015, May 22). Nature vs. nurture debate: 50-year twin study proves it takes two to determine human traits. Medical Daily. Retrieved August 18, 2015, from http://www.medicaldaily.com/nature-vs-nurture-debate-50-year-twin-study-proves-it-takes-two-determine-human-334686

Genetic Science Learning Center at the University of Utah. (n.d.). Insights from identical twins. Retrieved August 20, 2015, from http://learn.genetics.utah.edu/content/epigenetics/twins/

Lewis, T. (2014, August 11). Twins separated at birth reveal staggering influence of genetics. Live Science. Retrieved August 18, 2015, from http://www.livescience.com/47288-twin-study-importance-of-genetics.html

Lykken, D. (1999). Happiness: What studies on twins show us about nature, nurture, and the happiness set point. New York: Golden Books.

Prohibit genetically engineered babies [video]. (2013, February 13). Intelligence Squared Debates. Retrieved August 11, 2015, from http://intelligencesquaredus.org/debates/upcoming-debates/item/798-prohibit-genetically-engineered-babies

The University of Queensland. (2015, May 19). Nature v nurture: research shows it's both. Retrieved August 18, 2015, from https://www.uq.edu.au/news/article/2015/05/nature-v-nurture-research-shows-its-both

第 1 章 子どもたちを成功へと導こう

Asplund, J., Agrawal, S., Hodges, T., Harter, J., & Lopez, S.J. (March 2014). The Clifton StrengthsFinder 2.0 technical report: Development and validation. Washington, D.C.: Gallup.

Beane, J. (1982). Self-concept and self-esteem as curriculum issues. Educational Leadership, 39(7), 504-506.

Bloom, B.S. (1985). Developing talent in young people. New York: Ballantine Books.

Cheng, A. (2012, January 25). The unknown story behind Michelle Obama's fashion designer [blog post]. Retrieved April 28, 2015, from http://www.parentwonder.com/michelle-obamas-fashion-designer/

Clifton, D.O., & Nelson, P. (1992). Soar with your strengths. New York: Delacorte Press.

Csikszentmihalyi, M., & Schneider, B. (2001). Becoming adult: How teenagers prepare for the world of work. New York: Basic Books.

Goertzel, V., & Goertzel, M.G. (1962). Cradles of eminence. New York: Little, Brown and Company.

Heller, K. (2015, February 24). Star talker: Neil deGrasse Tyson on fame, education and tweets. The Washington Post. Retrieved April 24, 2015, from http://www.washingtonpost.com/lifestyle/style/star-talker-neil-degrasse-tyson-on-fame-education-and-tweets/2015/02/24/5ec101fa-b854-11e4-a200-c008a01a6692_story.html

Lead with your strengths. (n.d.). Retrieved December 2, 2014, from https://www.gallupstrengthscenter.com/

McKay, J., & Greengrass, M. (2003). People. Monitor on Psychology, 34(3), 87.

Menkes, S. (2013, September 6). Jason Wu: The American dream. The New York Times. Retrieved April 24, 2015, from http://www.nytimes.com/2013/09/07/fashion/jason-wu-on-his-label-and-Hugo-Boss.html?_r=1%20-%20story-continues-1

Person of the week: Fashion designer Jason Wu's inaugural nod [video]. (2013, January 25). ABC News. Retrieved April 24, 2015, from http://abcnews.go.com/WNT/video/person-week-fashion-designer-

著者紹介

メアリー・レックマイヤー（Mary Reckmeyer, Ph.D.）

ギャラップ・ドナルド・O・クリフトン子ども発達センター エグゼクティブ・ディレクター。子ども、教師、親など2000人以上の才能に関するインタビューを実施・研究し、「クリフトン・ユース・ストレングス・エクスプローラー」の開発を支援した。教員経験があり、教育学と教育心理学の学位を持つ。若者の強み開発やマイノリティ生徒の親、学習障害、教育プログラム、生涯学習などを研究し、優れた学校への着目からよい託児環境の開発に取り組む。夫とネブラスカ州リンカーンに住み、4人の子どもを育てた。

訳者紹介

古屋博子（ふるや・ひろこ）

ギャラップ・シニア・コンサルタント。フラリシュ・コンサルティング代表取締役。ストレングス・コーチングやエンゲージメントの実践を通じて、多くのエグゼクティブやマネジャー、チームのパフォーマンス向上や組織開発を支援。法学修士（慶應義塾大学大学院）、学術博士（東京大学大学院）。2児の母。訳書に『さあ、才能《じぶん》に目覚めよう　新版』『ザ・マネジャー』『職場のウェルビーイングを高める』（日本経済新聞出版）ほか。

子どもの「強み」の育て方

かくれた才能を上手に引き出す心理学アプローチ

2022年10月25日　1版1刷

著　者　メアリー・レックマイヤー
訳　者　古屋博子
発行者　國分正哉
発　行　株式会社日経BP
日本経済新聞出版
発　売　株式会社日経BP マーケティング
〒105-8308 東京都港区虎ノ門4-3-12
装　丁　竹内雄二
DTP　株式会社キャップス
印刷・製本　凸版印刷株式会社

ISBN978-4-296-11560-0

本書籍に関するお問い合わせ、ご連絡は下記にて承ります。
https://nkbp.jp/booksQA
Printed in Japan